中等职业教育 *中餐烹饪与营养膳食* 专业系列教材

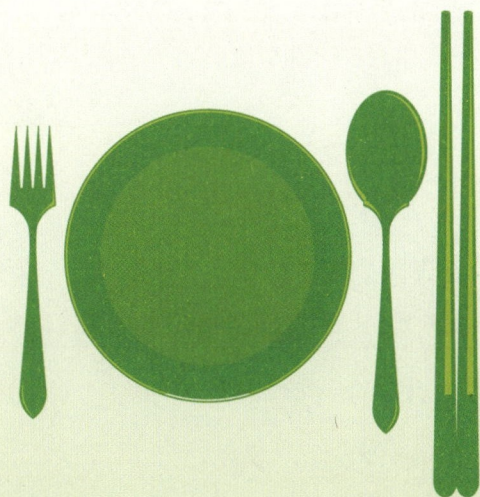

餐饮成本核算实务

郭宏亮 编 著

重庆大学出版社

内容提要

本教材采用模块化结构分类的编排方式，以餐饮成本核算典型的6个模块、16个任务为学习内容，从实际应用的角度出发，对相关基础知识进行梳理调整，突出餐饮成本核算课程的实践性。以各项实际任务为切入点，以解决实际问题为目标，理论与实践相结合，教学活动设计形式多样，可操作性强，便于学习者理解和掌握。

图书在版编目（CIP）数据

餐饮成本核算实务 / 郭宏亮编著. -- 重庆：重庆
大学出版社，2018.1（2023.1重印）
中等职业教育中餐烹饪与营养膳食专业系列教材
ISBN 978-7-5689-0900-6

Ⅰ.①餐…　Ⅱ.①郭…　Ⅲ.①饮食业—成本管理—中
等专业学校—教材　Ⅳ.①F719.3

中国版本图书馆CIP数据核字（2017）第276889号

中等职业教育中餐烹饪与营养膳食专业系列教材
餐饮成本核算实务
郭宏亮　编著
策划编辑：沈　静
责任编辑：沈　静　　版式设计：沈　静
责任校对：邹　忌　　责任印制：张　策
*
重庆大学出版社出版发行
出版人：饶帮华
社址：重庆市沙坪坝区大学城西路21号
邮编：401331
电话：（023）88617190　88617185（中小学）
传真：（023）88617186　88617166
网址：http://www.cqup.com.cn
邮箱：fxk@cqup.com.cn（营销中心）
全国新华书店经销
重庆长虹印务有限公司印刷
*
开本：787mm×1092mm　1/16　印张：6　字数：146千
2018年1月第1版　　2023年1月第4次印刷
印数：7 001—9 000
ISBN 978-7-5689-0900-6　定价：29.00元

前　言

根据《国家中长期教育改革和发展规划纲要（2010—2020年）》"以服务为宗旨，以就业为导向，推进教育教学改革"的要求，在《餐饮成本核算实务》的编写过程中，编者征求了行业、企业专家的意见和建议，对现有烹饪院校及开设的相关课程进行了广泛的调研，在充分听取了广大一线教师建议的基础上，确定了本书的编写原则和模式。

本书共分为6个模块，主要包括：认识餐饮成本核算、厨房常用计量工具及使用、原材料及菜品成本核算、饮食产品价格的核算、菜单的设计与定制、成本控制与管理，包含16个任务。每个任务在编排设计上主要包括：任务描述、学习准备、任务思考、知识学习、课后作业、拓展任务、知识链接7个环节。本书引导学生在学习基础知识的同时，强调理论与实践相结合，注重课程的实际操作性，从而提高学生的实际操作能力和水平。

本书在编写过程中，立足职业教育的课程体系建设，依据行业对相关岗位的实际需要，具有以下特点：

1.以实践为基础，以适用为原则。

本书根据职业教育以技能为基础的特点，强调理论知识与实践能力培养相结合，突出可操作性。同时，参考了劳动部职业技能鉴定的相关标准，适用于中等职业教育在校学生的学习使用。

2.教材充分体现学科先进性和科学性。

教材反映了当前餐饮企业中的新理念、新技术、新工艺等，适当介绍了国内外最新的研究成果和管理经验，体现了教材的时代性和前沿性。

3.教材条理清晰，内容简单实用。

任务中既有课前的学习准备，又有课后的任务拓展；既有知识传授，又有实操演练，还有相关知识链接的介绍，具有较强的适用性和实用性。本书将理论教学与烹饪专业实际操作相结合，更容易被学生所接受。

本书由北京劲松职业高级中学郭宏亮负责全部的编写工作。在编写过程中，得到了北京市职业教育专家杨文尧先生的指导，在此表示感谢！

编　者
2017年7月

餐饮成本核算实务课程标准

一、课程性质与任务

　　餐饮成本核算实务是烹饪专业的专业基础课程。本课程重点介绍了餐饮成本核算方面的基础知识和基本核算方法，开设餐饮成本核算实务是为了扩大学生的知识面，培养学生的成本意识、帮助学生具备一定的管理能力，以便适应市场激烈竞争的需要。

二、课程目标

1.知识目标

全面了解、掌握成本管理、餐饮企业成本核算与控制的基本知识。

（1）熟悉餐饮企业成本管理的基本知识。

（2）掌握餐饮企业成本核算的基本知识。

（3）掌握餐饮企业成本控制的基本知识。

（4）熟悉菜单设计的基本方法。

2.职业技能目标

（1）掌握厨房常用计量工具的使用方法。

（2）掌握餐饮产品成本的核算方法。

（3）掌握零点菜单和宴会菜单的设计方法。

（4）掌握餐饮产品销售价格的核算方法与定价策略。

（5）掌握标准菜谱的制作方法。

（6）掌握经营效益分析的基本内容和方法。

3.职业素质养成目标

（1）服务意识要求：成本意识、角色意识、服务意识。

（2）自我学习能力：会使用网络资源帮助解决学习过程中所遇到的问题。

（3）与人协作能力：互相帮助，共同学习，具备协作精神，服从大局。

三、参考课时

　　共计54课时。其中，教学时间48课时，复习考试时间6课时。

四、课程设计思路

　　餐饮成本核算实务按照厨房成本管理工作的过程来划分，课程内容以具体的计算任务为载体，按照从简单到复杂、从基础到综合的逻辑顺序展开，每个学习任务都与具体工作任务相结合，理论基础知识贯穿于实际操作过程之中，体现在做中学、在做中教的课程理念。

五、课程内容与要求

学习项目	学习任务		项目学习目标	参考课时
认识餐饮成本核算	任务1 任务2	什么是餐饮成本核算 为什么要进行餐饮成本核算	1.熟知餐饮产品成本的各要素。 2.熟知餐饮业的经营特点。 3.理解餐饮成本核算的概念和作用。 4.能够解读餐饮业成本的主要构成。	6
厨房常用计量工具及使用	任务1 任务2	厨房常用的计量工具 常用度量衡的单位及换算	1.识别厨房常用计量工具。 2.学会厨房常用计量工具的使用方法。 3.熟知厨房常用计量单位。 4.能够对厨房常用计量单位进行正确换算。	6
原材料及菜品成本核算	任务1 任务2 任务3 任务4	净料率和成本系数的应用 净料成本的核算 调味品成本的核算 餐饮产品成本的核算	1.辨别净料的分类。 2.领会净料率与损耗率的关系。 3.能够对不同性质主配料、净料成本进行准确核算。 4.运用成本系数法计算菜肴成本变化。 5.能够对菜点产品中调味品成本进行准确核算。 6.掌握不同菜点产品制作成本的核算方法。 7.掌握宴会制作成本的核算方法。	12
饮食产品价格的核算	任务1 任务2 任务3	产品销售价格的构成 产品销售价格的计算 产品销售价格的调整	1.识记菜点产品价格的构成。 2.掌握毛利率间的换算方法。 3.分析毛利率与价格的关系。 4.能够利用毛利率法对菜点产品价格进行准确核算。 5.熟识产品价格调整的原则。 6.了解产品价格调整的步骤。 7.掌握产品价格调整的方法。	9
菜单的设计与定制	任务1 任务2	零点菜单的设计与制作 宴会菜单的设计与制作	1.了解零点菜单和宴会菜单的作用。 2.掌握零点菜单的定价策略。 3.学会对零点菜单进行科学评估和修订。 4.了解宴会菜单的设计原则。 5.熟识宴会菜单的基本设计原则。 6.学会根据顾客需求设计宴会菜单的基本方法。	6
成本控制与管理	任务1 任务2 任务3	标准菜谱的应用与制作 盈亏平衡分析 成本核算成果分析	1.了解标准菜谱在厨房管理中的作用。 2.熟识标准菜谱的制作要求。 3.能够规范运用标准菜谱的制作步骤进行编制。 4.了解盈亏临界点的内涵。 5.理解盈亏平衡分析在经营决策中的作用。 6.能够对一般餐饮企业的营业收入、成本费用、营业利润进行简要分析。	9

六、实施建议

1.教学方法建议

建议本课程采用项目教学法、情境教学法、案例教学法等行动导向教学方法，运用小组合作等教学方式开展教学活动。教师在教学中要为学生提供自主发展的时间和空间，努力培养学生的创新精神和实践能力，自觉地成为学生学习的引导者和促进者。学生必须重视、提升自己的职业素养，培养自己解决问题的综合能力，在学习过程中学会与人合作，自觉地成为问题的发现者和解决者。倡导多种学习方式，培养学生的创新精神、合作学习和研究探索的能力。在学习过程中，提出问题，发现问题，加强师生之间、学生之间的讨论、交流和展示，从而改变学生单一、被动地接受知识的学习方式。教学活动中应创设一定的工作情境，加强过程体验，增强学生的就业意识，体现教师在做中教，学生在做中学的理念。

2. 评价方法建议

建议本课程评价坚持评价主体、评价过程、评价方式的多元化原则。采用学生自评、学生互评、教师点评相结合，企业适度参与的评价方式。坚持过程评价、成果评价并重，过程评价注重对操作技能、学习态度、职业规范的评价，成果评价采用工作成果达标考核。

3. 师资要求

建议承担本课程教学的教师首先应具备高级中学教师资格，同时应具有在企业实践的经历。能够独立制作多媒体教学课件，熟练使用电子教学设备进行集体授课及个别辅导。能够根据学员特点灵活运用合作学习、探究学习等多种课堂教学及技能训练方法，促使其开展有效的教学活动。

4. 教学场地设备要求

具备多媒体教学设施设备和相关学习资源的教室。

5. 课程资源开发建议

建议本课程根据课程内容，编写理论实践一体化的课程教材，开发适合教师和学生使用的数字化教学素材和辅导学生学习的多媒体教学课件。充分利用行业资源，为学生提供阶段实训，提升其职业综合素质。

七、说明

本书中所选例题、案例多为西餐专业的实例，在中餐专业教学中可进行适当的调整。

Contents
目　录

模块1　认识餐饮成本核算

任务1　什么是餐饮成本核算 1

任务2　为什么要进行餐饮成本核算 5

模块2　厨房常用计量工具及使用

任务1　厨房常用的计量工具 9

任务2　常用度量衡的单位及换算 15

模块3　原材料及菜品成本核算

任务1　净料率和成本系数的应用 21

任务2　净料成本的核算 27

任务3　调味品成本的核算 31

任务4　餐饮产品成本的核算 35

模块4　饮食产品价格的核算

任务1　产品销售价格的构成 43

任务2　产品销售价格的计算 47

任务3　产品销售价格的调整 51

模块5　菜单的设计与定制

任务1　零点菜单的设计与制作 57

任务2　宴会菜单的设计与制作 63

模块6　成本控制与管理

任务1　标准菜谱的应用与制作 71

任务2　盈亏平衡分析 76

任务3　成本核算成果分析 80

参考文献 86

认识餐饮成本核算

【模块导读】

餐饮企业要想在激烈的市场竞争中立于不败之地，除了保证菜肴质量、提高服务质量外，还要做好餐饮成本核算工作，做到既不侵害消费者利益，又能使企业获得合理的经济效益，是至关重要的。

本模块是学习餐饮成本核算实务的理论基础，是深入了解餐饮成本核算作用和餐饮业经营的特点，理解餐饮业成本构成和要素的必要准备，对从事厨房管理工作具有重要意义。

【学习目标】

1. 熟知餐饮产品成本的各要素。
2. 熟知餐饮业的经营特点。
3. 理解餐饮成本核算的概念和作用。
4. 能够解读餐饮业成本的主要构成。

任务1 什么是餐饮成本核算

【任务描述】

本任务主要是学习了解餐饮成本核算的基本概念和基本方法，理解餐饮成本核算的构成要素及作用。

【学习准备】

通过网络学习，课前在家中制作一份"土豆鸡蛋沙拉"，完成表1.1的填写。

表1.1 土豆鸡蛋沙拉成本

原料名称	原料单价	使用数量	金额
土豆			
鸡蛋			
沙拉酱			
其他（ ）			
合计			

图1.1 土豆鸡蛋沙拉

【任务思考】

1.菜点产品成本由哪些部分构成？

2.为什么要对菜点产品进行成本核算？

【知识学习】

学习准备的总结分析

1.制作"土豆鸡蛋沙拉"时，使用最多的原料是_____，价格是_____元。

2.制作"土豆鸡蛋沙拉"时，使用最少的原料是_____，价格是_____元。

3.鸡蛋在本菜品中所起到的作用是_____。

4.制作一份"土豆鸡蛋沙拉"共计花了_____元。

1.1.1 确定餐饮产品成本的要素

餐饮产品制作过程中使用的原材料种类繁多，主要包括：粮、油、蛋、乳、禽、畜、水产、果蔬、干货、调味品等。根据其在菜品构成中的不同作用，一般可分为：主料、配料（也称辅料）和调料（也称调味品）三大类。它们构成了餐饮产品的成本，也称餐饮产品成本的三要素。其计算公式为：

产品成本=主料成本+配料成本+调料成本

1）主料

主料，是指构成菜点产品的主要原料。根据菜点的品种不同，主料所用的原材料种类也不相同。一般情况下，主料在菜点产品的成本中价格较高，用量较大，因此所占菜品成本的比重也比较大。主料成本是构成菜点产品成本的主体。

2）配料

配料，也称辅料，是指构成菜点产品的辅助原料。在各种菜点产品中起到增香、增色、增味、装饰等辅助作用。一般情况下，配料在菜点产品的成本中价格较低，用量较少，因此所占菜品成本的比重也比较低。在同一菜点产品中，配料成本往往低于主料成本。

3）调料

调料，也称调味品，是指构成菜点产品口味的调味用料。在各种菜点产品中起到综合或调配菜点口味的作用。一般情况下，调料在菜点产品的成本中用量最少，所占菜品成本的比重也最低。但是，随着市场新型复合调料的不断推出以及一些特殊调味品（如藏红花等）的使用，一些菜点产品中调料成本所占的比重也在不断上升。

1.1.2 餐饮业成本的构成

餐饮业随着中国经济的不断深化发展，从1991年开始经历了连续20年以20%左右的速度增长，成为第三产业中最为活跃的行业之一。然而，从2012年开始，全国餐饮市场出现滑坡现象，特别是从2013年开始，经营成本上升，利润大幅下降，供求结构性失衡的现象极为普遍，严重阻碍了餐饮行业的发展。在认识到外部环境对行业发展具有深刻影响的同时，必须清醒地认识到：餐饮企业要发展，只是埋头经营是不够的，要着眼于需求，着眼于市场，在餐饮业转型升级的过程中，不断运用现代理念、现代模式、现代制度，使企业获得生存与发展的空间。

1）餐饮成本核算的概念

从广义上看，餐饮成本主要包括原材料成本、员工工资、其他费用（水、电、燃气费，餐具、厨具费用，清洁费用，办公用品费，租金，电话费，银行利息等），其计算公式为：

广义成本 = 直接材料费+直接人工费+其他费用

从狭义上看，餐饮成本主要是指餐饮企业各部门为正常运营所需而购置的各种原材料费用。一般情况下，餐饮企业的成本核算仅指狭义的原材料的成本核算。

综上所述，餐饮成本核算是指餐饮企业在一定时期内，生产菜点产品时所消耗的食品原材料成本和其他费用的审核和计算。

2）餐饮业成本的构成

从餐饮企业的经营性质来看，餐饮业的成本由生产、销售、服务3个方面发生的费用构成。由于这三者统一在一个企业里来实现，因此，除原材料的成本费用之外，其他费用（如人员工资、经营费用、管理费用等）成本均另立项目，列在餐饮企业的经营管理费用项目中去计算，这与其他行业的成本核算有着明显的区别。

1993年7月1日起实施的《旅游餐饮服务企业财务制度》第四十八条规定：企业在经营过程中发生的各项直接支出，计入营业成本，包括企业餐饮部和餐馆耗用的餐饮产品、饮料的原材料主料、配料和调料成本。因此，从制度上对餐饮企业的成本构成作出了明确的界定。在具体操作过程中，原材料成本主要包括产品的主料、配料、调料的成本和加工过程所产生的合理损耗。产品制作过程中使用的其他用料，视为配料列入成本。因异地采购和存储发生的运输费、保管费、冷藏费也应列入成本。

3）餐饮产品的成本计算方法

在菜点成本计算过程中，无论具体商品原材料在菜点产品中充当什么角色，将其耗费金额相加即可，公式可表示为：

菜点成本 = 菜品所用原材料成本之和

如果将燃料成本计入，则公式可表示为：

菜点成本 = 菜品所用原材料成本之和 + 燃料成本

【目标检测】

1.餐饮成本核算是指餐饮企业在一定时期内，生产菜点产品时所消耗的_____和_____形成的审核和计算。

2.菜点产品成本由_____、_____、_____3个部分组成。

3.一般情况下，构成菜点产品成本的主体是_____。

4.在菜点产品的成本中用量最少的是_____。

5.餐饮成本核算与其他行业的成本核算一样，没有什么区别（是还是否）。

【任务拓展】

课后任意制作一道菜肴，并完成表1.2的填写（提交电子版及成品图）。

表1.2 材料成本

菜肴名称：_____　　　　　　　制作时间：_____

类别	原料名称	用量（g）	单价（元/kg）	金额（元）
主料				
配料				
调料				
成本合计（元）				

备注：原料用量的多少可进行估算。

【知识链接】

2014—2015年中国餐饮产业发展趋势分析报告（节选）

近年来，餐饮业人员成本、房租费用快速攀升，因成本上涨关闭门店的情况屡见不鲜，餐饮业百强企业也延续了这一趋势。统计显示，2012年百强企业营业收入增长16.8%，但人员费用、房租明显超过这一增速。其中，房租增长达到26.62%，比营业收入增长约高10个百分点。虽然从总体看，房租占营业收入的10.43%，但业态之间区别较大，餐馆酒楼等正餐企业自有物业较多，租金压力相对较小；而快餐企业多以租用为主，其房租成本已占营业收入的15%左右。与营业收入16.8%的增长相比，百强企业盈利增长直线下降，营业利润、利润总额、净利润同比分别增长4.04%，2.91%，5.2%，与营业收入增幅差距明显。从盈利能力来看，2012年百强企业表现明显逊于2011年，每餐位的营业额从2011年的5.34万元下降到4.62万元，降幅达15%；营业利润为14.22%，比2011年下降48.14%；平均净利润率为7.73%，比2011年百强降低3.85%，跌入近几年的新低，其中4家企业出现亏损。反观全球餐饮集团麦当劳和百胜，其净利润率则一直较为稳定。

任务2　为什么要进行餐饮成本核算

【任务描述】

本任务主要是学习和了解餐饮业的经营特点，理解餐饮成本核算的作用。

【学习准备】

课前进行同一品种原材料如"水果黄瓜、富士苹果"等在不同销售场所的价格走访调查，并完成表1.3的填写。

表1.3　市场调查

原料名称	销售场所	单价（元/kg）
	早市（　　　　　　）	
	商场（　　　　　　）	
	大型超市（　　　　）	
	其他（　　　　　　）	

【任务思考】

1.原料采购价格的变化，是否会对菜肴的售价及企业利润有影响？

2.餐饮企业采取哪种采购方式可以降低制作成本？

【知识学习】

学习准备的总结分析

1.上述采购价格最低的销售场所是_____。

2.上述采购价格最高的销售场所是_____。

3.假如你是采购员，你将采取什么样的采购方式？

4.除去采购因素，还有其他因素会影响菜肴的制作成本吗？

1.2.1　餐饮成本核算的作用

1）菜品价格确定的基础

菜点产品销售价格的确定，必须由管理部门对菜品生产过程中使用的全部原材料进行成本核算之后，才能根据企业的具体要求核定销售价格。具体操作步骤是：

①根据选料情况，核算主配料的净料成本。

②按照菜品要求，确定主配料和调料的投料数量。

③核算各种用料的净料成本和投料数量，确定菜品成本。

④按照企业的毛利率，计算销售价格。

因此，菜品成本核算的准确性将直接影响销售价格的准确性，并影响企业的经济效益。

2）厨房生产操作的标准

各餐饮企业根据其自身的经营特点和技术专长，制定了具有餐厅特色的标准菜谱，明确规定了各类菜品的主配料和调味品的投料数量及加工方法。操作人员在实际工作中，要严格按照标准菜谱的技术要求进行操作，既可以保证菜品风味特色的一致性，又可以保证菜品成本的准确性。

3）合理控制成本的途径

成本核算的最终目的是：控制成本，降低消耗，提高效益。原材料的采购、验收、存储、发放、加工切配、烹制成熟、销售服务、结算等经营的各个环节都会影响产品的成本。因此，餐饮企业要通过严格的成本核算和管理，提高产品加工技术水平，节约原材料，提高原材料的利用率，减少损失率，降低各项费用开支，以提高企业的经济效益。

4）改善经营管理的依据

成本管理是现代社会企业必不可少的管理手段之一。随着餐饮市场竞争日渐激烈，想要立于不败之地，就必须加强成本管理。在菜品质量和服务水平相同的情况下，企业间的相互竞争最终会导致价格竞争。谁的运行成本低，就意味着谁可以显示出价格优势，与其他竞争者争夺更多的客户和市场，从而获得更多的利润。

成本核算是企业经营管理的重要内容之一。只有通过全面的成本核算，才能及时掌握营业收入、劳动效率、菜品质量、销售数量、原材料消耗，以及各项费用支出的具体情况，全面衡量企业经营的经济效益和管理水平，为经营者的决策、计划、管理、控制、分析等管理工作提供科学可靠的依据。

1.2.2　餐饮成本核算的意义

餐饮企业为保证自身良好的运行和发展，必须做好成本核算工作，其意义主要表现在：

①促使餐饮企业合理获利。

②执行国家政策，维护消费者利益。

③促进企业经营管理的改善。

1.2.3　餐饮企业的经营特点

1）集生产、销售、服务于一体

餐饮业通过在厨房制作菜品，将其直接销售给顾客，同时还要为顾客提供良好的就餐环境和舒适周到的服务。从菜品的加工制作过程来看，它具有生产企业的性质；从菜品的直接销售来看，它又具有商业企业的性质；从提供的就餐环境、餐具服务来看，它还具有服务企业的性质。因此，餐饮行业与其他行业不同，它是集生产、销售、服务于一体的特殊行业。

2）服务与消费过程统一

与其他企业不同，绝大多数餐饮企业的经营服务活动与消费活动是在同一时间和同一地点进行的。当顾客进入餐厅，服务员就开始提供相应的服务。顾客点餐，本身就是一种销售行为。厨师按顾客要求制作菜品，即生产制作过程。菜品上桌供顾客食用，即消费过程。整个服务和消费活动在一个过程中进行，这对餐饮企业在设施设备、技术水平、员工素养等诸多方面提出了更高的要求。

3）地方风味特色显著

餐饮业在长期的历史发展过程中，由于不同国家、地区、民族的地理环境、物产资源、生活习惯、宗教信仰等方面的不同，形成了具有不同风味特色的菜肴佳品。

目前，许多著名的餐饮企业，大多采取针对不同的消费群体，以某一种地方风味特色菜肴为主体，在就餐环境、服务设施、菜品特色、文化娱乐等方面形成各自不同特色的餐厅。

4）经营方式多样化

随着经济和社会的不断发展，传统的一日三餐式的餐厅经营方式已经被打破。人们不再固守着进餐厅、看菜单点菜、上菜就餐的陈旧模式，而是力求简单快捷、自由自在、温馨舒适地用餐。因此，许多新型经营方式纷纷出现，如网络营销、连锁餐饮、超市餐饮、外卖式餐饮、休闲式餐饮等，满足了人们求新、求异的心理需求。

【目标检测】

1.餐饮成本核算的作用主要包括：＿＿＿＿＿＿＿＿＿＿；＿＿＿＿＿＿＿＿＿＿；
＿＿＿＿＿＿＿＿＿＿；＿＿＿＿＿＿＿＿＿＿。

2.餐饮成本核算的意义主要表现在：＿＿＿＿＿＿＿＿＿＿；＿＿＿＿＿＿＿＿＿＿；
＿＿＿＿＿＿＿＿＿＿。

3.餐饮业的经营特点主要表现在：＿＿＿＿＿＿＿＿＿＿；＿＿＿＿＿＿＿＿＿＿；
＿＿＿＿＿＿＿＿＿＿；＿＿＿＿＿＿＿＿＿＿。

【任务拓展】

通过网络，对目前餐饮市场的经营方式进行调查，填写表1.4。

表1.4　经营情况调查

经营方式	餐厅名称	主要经营地点	人均消费（元）
大众化经营			
连锁经营			
特许经营			
无店铺经营方式			
外卖式经营			
超市式经营			
快餐店			
休闲式经营			
其他			

【知识链接】

餐饮企业经营的基本特点

一、产品质量的易变性

餐饮企业的食品原料大多为鲜活原料，在常温下容易腐坏变质，即使是干货原料，其保质期也相对较短。此外，制作出的成品其色、香、味、形等质量也非常易变。很多菜点产品，当温度变化时，其风味都会发生变化，即使再次加热，都无法恢复原有的风味，这为餐饮企业的生产经营带来了许多的困难。

二、产品质量的差异性

餐饮产品的生产质量受到厨师的技术水平、服务人员的工作态度、服务质量、精神状态等多种因素的影响，会使产品产生差异性，即使是同一位厨师在不同的时间制作同一种产品往往也会出现质量偏差。在进餐服务过程中，服务员服务水平的差异有时会使服务效果截然不同。因此，餐饮企业为了减少这种差异性，制定出一系列生产、服务操作规程和质量标准，用来规范员工的职业道德教育和统一技术指标，使其服务、产品质量标准化，保证餐饮产品的整体质量。

三、产供销的同步性

餐饮产品质量的易变性，决定了餐饮产品的生产经营方式是产供销同步进行。大多数餐饮企业都是在顾客进行购买消费前很短的时间内进行生产，也就是现场制作、即刻消费，生产、销售与消费同时进行。这也使餐饮企业在销售上又存在销售量受场地大小的限制，销售量受时间的限制等特点。

四、产品的多样性

餐饮产品的多样性，首先表现在品种的多样性方面。菜肴品种丰富，形式多样。为了迎合市场和顾客对营养、风味等的不同需求，一家餐饮企业在菜单上提供的菜点产品往往多达几十种，甚至上百种。而现实中，每种菜品的实际需求量难以预料，且大多数菜品不能批量生产。

其次，餐饮服务的难度大。餐厅每天所接待的客人来自社会的各个层面，存在年龄、性别、民族、地域、职业、文化背景、性格的差异，因此，在餐饮习惯方面存在差异。即使是同一种菜点产品服务，不同的客人的感受和评价也会大不相同。

第三，餐饮产品的生产环节多，管理难度大。餐饮产品的生产有菜单设计、原料采购、库房管理、烹饪制作、餐厅服务、费用结算等众多环节，相互连贯性较强，管理复杂，难度大。

厨房常用计量工具及使用

【模块导读】

按照餐饮企业菜点产品的质量标准要求，厨师要做到投料准确，需要对菜点中所使用的原材料按照配方要求进行操作规范。这是现代厨房管理的重要手段之一，也是保证菜品质量的基本要求。

本模块是认识标准菜谱配比的重要基础，是深入了解标准菜谱并能够根据其要求准确配制原材料的必要准备，对厨师按照标准菜谱进行实际操作具有重要意义。

【学习目标】

1.识别厨房常用的计量工具。
2.学会厨房常用计量工具的使用方法。
3.熟知厨房常用的计量单位。
4.能够对厨房常用计量单位进行正确换算。

任务1 厨房常用的计量工具

【任务描述】

本任务主要是能够识别厨房常用计量工具，学会厨房常用计量工具的使用方法。

【学习准备】

在不使用计量工具的情况下，如何测量一碗水的容量，并记录测量方法，如表2.1所示。

表2.1 测量方法

步骤	具体描述
1	
2	
3	
4	
5	

【任务思考】

1.如果厨师不按照企业规定的质量要求进行操作,会对餐厅的经营发展产生什么影响?

2.如何对菜点产品进行标准化操作?

【知识学习】

学习准备的总结分析

借助其他工具对原材料进行测量,其准确度难以达到使用专用测量工具进行称重测量的效果。在餐饮企业中,特别是在面点厨房工作中,经常使用专用测量工具,先对制作菜点产品所用的原材料进行称重测量,既可保证产品的统一性,也便于进行成本核算,保证企业的利润。但是,在中餐厨房里,常凭借厨师的专业经验来掌握,大多数采取品尝鉴定或估算的方式进行实际测量,菜品质量的标准无法实现有效的控制,这也是制约中餐烹饪技术向更高目标发展的重要因素。

2.1.1 厨房常用的计量工具的种类

1)固体原材料常用计量工具

如表2.2所示。

表2.2 固体原材料计量工具

名字	例图
1.台式电子秤	
2.电子量勺	
3.手提式电子秤	手提环 去皮键 显示屏 单位转换键 开关键 挂钩

名字	例图
4.量勺	
5.量铲	
6.公克勺	
7.酵母量杯	
8.糖粉计量罐	

2）液体原材料常用计量工具

如表2.3所示。

表2.3　液体原材料常用计量工具

名字	例图
1.电子量杯	
2.普通量杯	

续表

名字	例图
3.量酒器	
4.量油瓶	

3）其他常用计量工具

如表2.4所示。

表2.4　其他常用计量工具

名字	例图
1.探针式测温计	
2.糖度计	
3.pH酸碱度计	
4.盐度计	
5.计时器	

续表

名字	例图
6.油温计	

2.1.2　常用计量工具的使用

完成测量实验并填写表2.5。

表2.5　测量实验

项目名称	测量工具	使用方法	测量数据结果
称重300 g面粉			
测量一杯水的容量			
称量15 mL酱油			
称重5 g盐			
测量苹果的糖度			
测量面团的酸碱度			
测量咸鸭蛋的盐度			

【目标检测】

1.厨房称重面粉最常用的计量工具是_____，也可以使用_____计量工具。

2.厨房称重盐、糖等调味品常使用_____、_____等计量工具。

3.如果想获得准确的油温，最好使用_____计量工具。

4.厨房最常用的液体原材料计量工具是_____。

【任务拓展】

在没有计量工具的情况下，如何在家中称出200 g面粉，并记录称重方法，如表2.6所示。

表2.6　称重方法

步骤	具体描述
1	
2	
3	
4	
5	

【知识链接】

一斤等于十六两

从秦始皇制定统一度量衡，到中华人民共和国成立之初，我国一直沿用一斤十六两的计量方法。南宋杨辉有首"斤价化两价"的歌诀："一求，隔位六二五；二求，退位一二五；三求，一八七五记……"意思就是一两等于0.062 5斤，二两等于0.125斤……

关于秦朝制定斤两的十六进位制，还有个传说：秦始皇统一六国之后，负责制定度量衡标准的是丞相李斯。李斯很顺利地制定了钱币、长度等方面的标准，但在重量方面没了主意，他实在想不出到底要把多少两定为一斤才比较好，于是向秦始皇请示。秦始皇写下了四个字的批示："天下公平"，算是给出了制定的标准，但并没有确切的数目。李斯为了避免以后在实行中出问题而遭到罪责，决定把"天下公平"这四个字的笔画数作为标准，于是定出了一斤等于十六两。谁知这一标准在此后两千多年一直被沿用。

那时十六两秤叫十六金星秤，是由北斗七星、南斗六星加福禄寿三星组成十六两的秤星，告诫做买卖的人要诚实守信，不欺不瞒，否则，短一两无福，少二两少禄，缺三两折寿。

任务2　常用度量衡的单位及换算

【任务描述】

本任务主要是熟知厨房常用计量工具及单位，能够对厨房常用计量单位进行正确换算。

【学习准备】

在家中进行实物观察并填写表2.7。

表2.7　测量表

产品名称	包装规格	净含量
可口可乐	罐装	
牛奶	袋装	
白糖	袋装	
红酒	瓶装	
啤酒	瓶装	
酱油	瓶装	

【任务思考】

1.在日常生活中，常见的计量单位有哪些？

2.各种计量单位之间是如何换算的？

【学习知识】

学习准备的总结分析

讨论：

1.市场上可口可乐的包装有几种？容量各是多少？

2.目前市场上供应的白糖，其重量在包装标示上是以克为单位，如果以两为单位是多少？

通过调查，我们会发现，在日常生活中，同一种包装食品原材料会有不同的包装规格，并且价格也会存在差异。按照原材料的类别，我们也会发现不同的原材料，其净重量的标示单位也会不同，它们之间存在着一定的换算关系。

2.2.1　常用质量单位及换算

一般超市商场所销售的食品包装袋上经常使用的是法定计量单位，即千克（kg）和克（g），而我们在一般菜市场买菜常使用的却是非法定计量单位，即斤和两，它们之间存在一定的换算关系。

1）公式

1公斤 = 1 kg = 1 000 g　　　1 kg = 2市斤（即我们日常所说的斤）

1斤 = 10两 = 100钱　　　1斤 = 500 g

1两 = 50 g　　　1钱 = 5 g

2）例题

【例2.1】已知制作一份"西冷牛排"（图2.1）需要牛排300 g，黄油20 g，柠檬50 g，青红椒各30 g，黑胡椒10 g。现清雅西餐厅每天可以销售西冷牛排30份。问：该餐厅每天至少应购进牛排多少斤？黄油多少斤？柠檬多少斤？青椒多少斤？红椒多少斤？黑胡椒几两？

图2.1 西冷牛排

解：需要牛排：$300 \times 30 = 9\,000$（g）

$1斤 = 500\,g \quad 9\,000\,g = \dfrac{9\,000}{500} = 18$（斤）

需要黄油：$20 \times 30 = 600$（g）

$1斤 = 500\,g \quad 600\,g = \dfrac{600}{500} = 1.2$（斤）

需要柠檬：$50 \times 30 = 1500$（g）

$1斤 = 500\,g \quad 1\,500\,g = \dfrac{1\,500}{500} = 3$（斤）

需要青椒：$30 \times 30 = 900$（g）

$1斤 = 500\,g \quad 900\,g = \dfrac{900}{500} = 1.8$（斤）

需要红椒：$30 \times 30 = 900$（g）

$1斤 = 500\,g \quad 900\,g = \dfrac{900}{500} = 1.8$（斤）

需要黑胡椒：$10 \times 30 = 300$（g）

$1两 = 50\,g \quad 300\,g = \dfrac{300}{500} = 6$（两）

答：该餐厅每天至少应该购进牛排18斤，黄油1.2斤，柠檬3斤，青椒1.8斤，红椒1.8斤，黑胡椒6两。

【例2.2】清雅西餐厅新推两道特色菜肴面包粉炸比目鱼（图2.2）和啤酒糊炸鱼条（图2.3）。已知制作一份面包粉炸比目鱼需要的主要原料有：净比目鱼肉600 g，鸡蛋100 g，薯条100 g，柠檬25 g，面粉10 g，面包渣50 g。制作一份啤酒糊炸鱼条需要净比目鱼肉500 g，面粉200 g，啤酒150 mL，鸡蛋150 g，薯条100 g，柠檬25 g。如果每天可以售出面包粉炸比目鱼15份，啤酒糊炸鱼条20份。问：每天至少购进净比目鱼肉、鸡蛋、薯条、柠檬、面粉、面包渣各多少斤？啤酒多少瓶？

解：需要净比目鱼肉：$600 \times 15 + 500 \times 20 = 9\,000 + 10\,000 = 19\,000$（g）

$1斤 = 500\,g \quad 19\,000\,g = \dfrac{9\,000}{500} = 38$（斤）

需要鸡蛋：$100 \times 15 + 150 \times 20 = 1\,500 + 3\,000 = 4\,500$（g）

$1斤 = 500\,g \quad 4\,500\,g = \dfrac{4\,500}{500} = 9$（斤）

需要薯条：$100 \times (15 + 20) = 3\,500$（g）

$1斤 = 500\,g \quad 3\,500\,g = \dfrac{3\,500}{500} = 7$（斤）

需要柠檬：$25 \times (15 + 20) = 875$（g）

$1斤 = 500\,g \quad 875\,g = \dfrac{875}{500} = 1.75$（斤）

需要面粉：$10 \times 15 + 200 \times 20 = 150 + 4\,000 = 4\,150$（g）

图2.2 面包粉炸比目鱼

图2.3 啤酒糊炸鱼条

$1斤 = 500\,g \qquad 4\,150\,g = \dfrac{4\,150}{500} = 8.3（斤）$

需要面包渣：$50 \times 15 = 750（g）$

$1斤 = 500\,g \qquad 750\,g = \dfrac{750}{500} = 1.5（斤）$

需要啤酒：$150 \times 20 = 3\,000（mL）$

$1瓶 = 500\,mL \qquad 3\,000\,g = \dfrac{3\,000}{500} = 6（瓶）$

答：每天至少购进净比目鱼肉38斤，鸡蛋9斤，薯条7斤，柠檬1.75斤，面粉8.3斤，面包渣1.5斤，啤酒6瓶。

2.2.2 常用长度单位及换算

各种原材料经过厨师精湛的刀工技术可以加工成丁、丝、片、块、条、粒、米、末、茸泥、段等各式形状，这些都与长度单位相关。

1）西餐常用刀工切配标准

如表2.8所示。

表2.8 西餐常用刀工切配标准

类别	规格	标准
薯丝	细薯丝Straw Potatoes/Pommes Pailles	1~2 mm粗细
	薯棍 Matchstick Potatoes/Pommes Allumettes	3 mm粗细
	直身薯条Straight Potatoes/Pommes Frites	1 cm粗细
	新桥薯条Pommes Pont-Neuf	1.5 cm粗细，6 cm长
	波浪薯条Crinkle Potatoes	1 cm粗细，5 cm长
薯片	炸土豆片Potato Slices	1 mm
	烤或焗土豆片Potato Slices	2 mm
	气鼓土豆片Potato Slices	3 mm
	炒、煎土豆片Potato Slices	0.4 ~ 1 cm

续表

类别	规格	标准
丁	小方粒Brunoise	2 mm × 2 mm × 2 mm
	小方丁Small Dice/Macedoine	0.5 cm × 0.5 cm × 0.5 cm
	方丁/骰子块 Medium Dice/Parmentier	1.2 cm × 1.2 cm × 1.2 cm
	大方丁 Large Dice/Carré	2 cm × 2 cm × 2 cm
橄榄	小橄榄 Olive Potato/Pommes Olivette	（2~3）cm ×（1~1.5）cm
	焖烧橄榄Cocotte Potatoes/Pommes Cocottes	（3~4）cm ×（1~1.5）cm
	英式橄榄Pommes Anglaise	（5~6）cm × 2 cm

2）中餐常用刀工切配标准

如表2.9所示。

表2.9 中餐常用刀工切配标准

类别	规格	标准
片	中片	4 cm × 2 cm × 0.3 cm
	薄片	4 cm × 2 cm × 0.2 cm
丝	中丝	6 cm × 0.3 cm
	细丝	6 cm × 0.1 cm
丁	大丁	2 cm × 2 cm × 2 cm
	中丁	1.2 cm × 1.2 cm × 1.2 cm
	小丁	8 mm × 8 mm × 8 mm
粒	大粒	6 mm × 6 mm × 6 mm
	小粒	4 mm × 4 mm × 4 mm
末	末	3 mm × 3 mm × 3 mm

3）常用换算公式

（1）法定长度单位

1 m = 10 dm　　　　1 dm = 10 cm　　　　　　　1 cm = 10 mm

（2）非法定长度单位

1丈 = 10尺　　　　1尺 = 10寸　　　　　　1寸 = 10分　　　　　　1分 = 10厘

1 m = 3尺　　　　　1寸 = 3.33 cm

【例2.3】有一个直径为8 cm，长度为20 cm的白萝卜，需要切成丁（图2.4），问：按照西餐加工标准，最多可以切成方丁多少个？小方丁多少个？

分析：白萝卜的形状接近圆柱体。首先计算它的体积，然后按照需求标准除以小方丁的体积，得到的结果就是小方丁的近似值。实际切成的小方丁肯定要少于计算的结果，原因是在加工过程中，原料不可能被充分使用。

解：

（1）∵白萝卜的直径　$R = 8$（cm）

∴白萝卜的半径　$r = \dfrac{8}{2} = 4$（cm）

∴ 底面面积 $S = \pi r^2 = 16\pi$（cm^2）

∴ 白萝卜的体积 $V = Sh = 16\pi \times 20 = 320\pi$（cm^3）

∵ 方丁的体积为 $1.2 \times 1.2 \times 1.2 = 1.728$（cm^3）

∴ 可以切成方丁 $\dfrac{320\pi}{1.728} \approx 581$（个）

（2）小方丁的体积为 $0.5 \times 0.5 \times 0.5 = 0.125$（cm^3）

∴ 可以切成小方丁 $\dfrac{320\pi}{0.125} \approx 8\,038$（个）

答：最多可以切成方丁约581个，小方丁约8 038个。

图2.4　白萝卜丁

2.2.3　其他常用计量单位的换算

常用公式：

| 1立方米 = 1 000立方分米（升） | 1 m^3 = 1 000 dm^3（L） |

1立方分米 = 1 000立方厘米（毫升）　　　　1 dm^3 = 1 000 cm^3（mL）

1立方厘米 = 1 000立方毫米　　　　　　　　1 cm^3 = 1 000 mm^3

在西餐菜谱中一般都用茶匙（Teaspoon）、汤匙（Tablespoon）、杯（Cup）等估算，这些计量标准与公制单位的换算在美制、英制中都是不同的。

1杯 = 16汤匙 = 225 mL（固体）/250 mL（液体）

1汤匙 = 3茶匙 = 15 mL　　　1茶匙 = 5 mL　　1安士（盎司）= 28.35 g

1 英制品脱 = 20液盎司 = 568.261 25 mL

1 英制品脱 = 4及耳 = 1/2夸脱 = 1/8加仑 = 1/64蒲式耳

1 美制湿量品脱 = 16美制液盎司 = 2美制杯 = 473.176 473 mL

1 美制干量品脱 = 1/64蒲式耳 = 550.610 47 mL

【例2.4】清雅西餐厅所使用的球形茶壶测得半径为9 cm，每茶杯的容量为150 mL，问：它最多可以倒多少杯茶？

解：$V = \dfrac{4}{3}\pi r^3 = \dfrac{4}{3}\pi \times 9^3 \approx 3\,052.08$（cm^3）$= 3\,052.08$（mL）

$3\,052.08 \div 150 \approx 20$（杯）

注：在餐厅实际工作中只能取整数。

答：此茶壶至多可以倒20杯茶。

【目标检测】

1.已知一份"冬笋里脊丝"的制作原料：猪通脊肉300 g，冬笋100 g，鸡蛋1个（约50 g），色拉油75 g。现某餐厅一天可以售出冬笋里脊丝25份。问每天至少应购进猪通脊肉、冬笋、鸡蛋、色拉油各多少斤？

2.制作一份"夏威夷海鲜沙拉"需要的原料是：虾仁400 g，扇贝200 g，鱼肉100 g，洋葱100 g，红椒60 g，青椒60 g。若餐厅一天可销售此菜15份，问至少需要购进虾仁、扇贝、洋葱、红椒、青椒各多少千克？

3.一罐可口可乐（容量355 mL）售价1.8元，一小瓶可口可乐（容量500 mL）售价3.5

元，一大瓶可口可乐（容量1 L）售价5.9元，请问购买哪种包装的可乐比较合算？

【任务拓展】

市场调查麦当劳（或肯德基）中包炸薯条的净含量并填写表2.10。

表2.10　调查表

调查地点		计量工具	
调查步骤	具体描述		
1			
2			
3			
4			
测量结果	该销售点的中包炸薯条的净含量是_____g。		

【知识链接】

安士的历史

"安士"是英文Ounce的译音，简写成"oz"来表示，中国香港地区译作安士，中国内地译为"盎司"。

最初，在英国的酒馆中顾客饮用不同的酒，需要选用不同的酒杯，酒杯的容量是最为关键的，后来人们选用一种酒杯的容量作为标准，这种酒杯的容量就称为1 oz。目前，英国、美国都还在使用这一单位，但是两个国家又略有不同。如英制1 oz为28.41 mL；美制1 oz为29.57 mL，16 oz折合1品脱。

由于美国国内并不使用公制度量衡，1磅大约是454 g，相当于16 oz，1磅约为1品脱（不到0.5 L）水的重量，因此，有这样的俗语"一品脱一磅，世界就是这样"。

现在推行国际单位制，用毫升数表示酒具的容量。

原材料及菜品成本核算

【模块导读】

通过前面所学的知识我们了解到，菜点产品的成本主要是由主料、配料和调味品的价格来决定的。但是，在实际工作中，我们也会发现，无论哪一种原材料都难以百分之百利用到菜品的制作中。

本模块是深入了解原材料的净料率，最大限度降低原材料损耗率的重要基础，是核算菜点产品价格的必要准备，对厨师合理利用原材料，做到物有所用、物尽其用具有重要意义。

【学习目标】

1.辨别净料的分类。

2.领会净料率与损耗率的关系。

3.能够对不同性质主配料、净料成本进行准确核算。

4.运用成本系数法计算菜肴成本变化。

5.能够对菜点产品中调味品成本进行准确核算。

6.掌握不同菜点产品制作成本的核算方法。

7.掌握宴会制作成本的核算方法。

任务1 净料率和成本系数的应用

【任务描述】

本任务主要是辨别净料的分类，学会计算不同性质原料净料率的核算方法，运用成本系数法计算因原材料的价格变动而引起的菜肴成本变化。

【学习准备】

采购1斤土豆，切成粗细0.3 cm的土豆丝，并填写表3.1。

表3.1　记录表

采购价格		采购重量（g）	
削皮工具		削皮后重量（g）	
切丝达标率（%）		土豆丝重量（g）	

【任务思考】

1.日常烹饪原材料从采购到加工出成品，其重量发生了哪些变化？

2.烹饪原材料净料率的高低与哪些因素有关？

【知识学习】

学习准备的总结分析

讨论：

1.土豆在加工过程中，重量发生了哪些变化？

2.土豆丝达标率的高低与哪些因素有关？

绝大多数从市场上采购回来的食品原材料，都需要先经过摘洗、去皮、宰杀、浸泡等一系列的初步加工后，然后进行一系列的刀工处理或初步加热处理，最后才能用于烹制菜点产品。在初步加工的过程中，受原料材质的优劣、厨师的加工技术水平、成品的质量要求等因素的影响，原料的重量、形态、质地都会发生变化。

3.1.1　净料及其分类

1）毛料

毛料是指未经过加工处理的原材料，如活鸡、活鸭、活鱼、干货、未经摘洗的蔬菜等。

2）净料

净料是指经过加工处理可以用来配制菜点的原材料，如光鸡、光鸭、净鱼、已涨发的干货、经过摘洗的蔬菜等。

净料可根据其拆卸加工的方法和处理程度的不同，分为生净料、半制品和熟品3大类。

（1）生净料

生净料是指只经过摘洗、宰杀、拆卸等加工处理，没有任何制作或熟处理的各种原料的净料。

（2）半制品

半制品是指经过初步熟处理，但还没有完全加工成成品的净料，如白煮肉、白煮鸡等。

（3）熟品

熟品也称制成品或卤味品，是由熏、卤、煮等加工而成，可以用做冷菜的制成品，如酱肘子、熏鱼等。

3.1.2 净料率的计算方法

净料率是加工处理后的净料重量与毛料重量之间的比率，通常用百分数表示。其计算公式如下：

$$净料率 = \frac{净料重量}{毛料重量} \times 100\%$$

【例3.1】清雅餐厅购入带壳青豆（图3.1）750 g，剥壳后得到净青豆600 g，青豆的净料率是多少？

解：

青豆的净料率 $= \dfrac{600}{750} \times 100\% = 0.8 \times 100\% = 80\%$

答：青豆的净料率是80%。

【例3.2】清雅餐厅今日购入干香菇（图3.2）3 kg，经过涨发后得到水发香菇10.5 kg。求：干香菇的净料率是多少？

解：

干香菇的净料率 $= \dfrac{10.5}{3} \times 100\% = 3.5 \times 100\% = 350\%$

答：干香菇的净料率是350%。

图3.1 青豆

图3.2 干香菇

3.1.3 净料率的实际应用

1）常用公式

净料重量 = 毛料重量 × 净料率

毛料重量 $= \dfrac{净料重量}{净料率}$

损耗重量 = 毛料重量 − 净料重量

净料率 + 损耗率 = 100%

损耗率 $= \dfrac{损耗重量}{毛料重量} \times 100\%$

净料成本 $= \dfrac{毛料重量 \times 毛料进货单价}{净料重量}$

【例3.3】清雅餐厅购入土豆（图3.3）24 kg，经过削皮处理后得到净土豆16.8 kg。试求：

①土豆的净料率和损耗率是多少？

②如果需要净土豆21 kg，则需要购进多少土豆？

解：

①土豆的净料率 $= \dfrac{16.8}{24} \times 100\% = 0.7 \times 100\% = 70\%$

土豆的损耗率 $= 1 - 70\% = 30\%$

②∵需要净料21 kg，净料率为70%

∴需要毛料 $= \dfrac{21}{70\%} = 30$（kg）

图3.3 土豆

答：土豆的净料率是70%，损耗率是30%；若需要净土豆21 kg，则需要购进土豆30 kg。

【例3.4】清雅餐厅购入胡萝卜（图3.4）12 kg，其进货单价为2元/斤，去皮后得到净胡萝卜9 kg。问：净胡萝卜的单位成本是多少元？

图3.4　胡萝卜

解：

∵1 kg = 2斤

∴胡萝卜每千克的价格是：$2 \times 2 = 4$（元）

∴净胡萝卜的单位成本 $= \dfrac{12 \times 4}{9} \approx 5.33$（元/kg）

答：净胡萝卜的单位成本是5.33元/kg。

2）影响净料成本的因素

①进货价格，原料采购价格的高低直接决定了净料成本的高低。

②进货质量，进货质量的好坏，直接影响净料率，也会影响净料成本的高低。

③加工技术，厨师的加工技术水平，直接影响净料率，也会影响净料成本的高低。

3.1.4　成本系数的实际应用

成本系数是食品原材料经过加工制作成净料或成品后的单位成本和毛料单价成本之间的比值。采用成本系数法核算净料或成品的单位成本，可以简化成本核算过程，减少工作量，并能根据市场价格浮动变化随时方便、快捷地核算出制作成本，以便准确、迅速地调整菜点价格。成本系数只用于质量（净料率）相同的食品，如果质量和加工处理方法不同，则需要在不同的净料测定基础上重新核算出成本系数。成本系数的计算公式如下：

$$成本系数 = \frac{净料（或成品）单位成本}{毛料单位成本}$$

$$净料或成品的单位成本 = 毛料单位成本 \times 成本系数$$

【例3.5】清雅餐厅6月购入黄瓜（图3.5）15 kg，单价为2元/kg，总价值为30元，经过粗加工后，得到净料12 kg，废料不能利用。试求：

1.若10月黄瓜的进价下跌至1.8元/kg，求10月黄瓜的净料单位成本。

2.如果12月黄瓜的进价上涨至2.5元/kg，求12月黄瓜的净料单位成本。

解：黄瓜的净料单位成本 $= \dfrac{30}{12} = 2.5$（元）

黄瓜的成本系数 $= \dfrac{2.5}{2} = 1.25$

10月黄瓜的净料单位成本 $= 1.8 \times 1.25 = 2.25$（元）

12月黄瓜的净料单位成本 $= 2.5 \times 1.25 \approx 3.13$（元）

答：10月黄瓜的净料单位成本是2.25元；12月黄瓜的净料单位成本是3.13元。

图3.5　黄瓜

【目标检测】

1.经过加工处理可以用来配制菜点的原材料，称为_____。

2.净料一般可分为_____、_____和_____三大类。

3.净料率是加工处理后的_____与_____之间的比率。

4.成本系数是_____和_____之间的比值。

5.已知制作一份"海鲜沙拉"需要用净虾肉200 g，为保证菜肴品质，厨师需要用鲜虾剥壳取肉，其净料率为40%。若每天销售12份，至少需要购进多少斤鲜虾？

6.某厨房购进奶油生菜9 kg，其进货单价为9.8元/kg，经过摘洗加工处理后，得到净生菜7.8 kg。求：

（1）奶油生菜的净料率是多少？

（2）净生菜的单位成本是多少元？

（3）若制作一道沙拉需要用净生菜150 g，该菜肴中生菜的成本是多少元？

【任务拓展】

在家中进行涨发木耳的实验，并完成表3.2。

表3.2　涨发木耳的记录表

采购单价		涨发前重量（g）	
涨发方法		涨发后重量（g）	
净料率（%）		净料单位成本（元/kg）	

【知识链接】

表3.3　酒店常用原材料净料率参照表

毛料品名	净料处理项目	净料		下脚料、废料损耗率（%）
		品名	净料率（%）	
干货				
海蜇头	拣洗，泡发	净蜇头	130	
海带	拣洗，泡发	净水海带	500	
竹笋	拣洗，泡发	水发竹笋	300~800	
香菇	拣洗，泡发	水发香菇	200~300	
黑木耳	拣洗，泡发	水发黑木耳	500~1 000	
银耳	拣洗，泡发	净发银耳	400~800	
水产品				
鲤鱼、鲢鱼	宰杀，去鳞、腮、内脏，洗涤	净全鱼	80	20
鲫鱼、鳜鱼	宰杀，去鳞、腮、内脏，洗涤	净鱼块	75	25
大小黄鱼	宰杀，去鳞、腮、内脏，洗涤	炸全鱼	55	45
黑鱼、鲤鱼	剔肉切片	净鱼片	35	65
鲢鱼	剔肉切片	净鱼片	30	70
鳜鱼	剔肉切片	净鱼片	40	60
活鳝鱼	宰杀，去头、尾、肠、血，洗涤	鳝段、丝	62	38
活甲鱼	宰杀，去壳、内脏，洗涤	熟甲鱼	60	40
鲳鱼	宰杀，去鳞、腮、内脏，洗涤	无头净鱼	80	20
带鱼	宰杀，去鳞、腮、内脏，洗涤	无头净鱼	74	26
鲅鱼	宰杀，去鳞、腮、内脏，洗涤	净鱼	76	24
大虾	去须、脚	净虾	80	20
比目鱼	宰杀，去内脏、皮、骨，洗涤	净鱼	59	41

续表

毛料品名	净料处理项目	净料品名	净料率（%）	下脚料、废料损耗率（%）
鳜鱼	剔肉切成泥茸	净鱼	45	55
禽类				
光鸡	分档整理，洗涤	净鸡	88	12
		其中		100
		鸡肉	43	57
		鸡壳	30	70
		头脚	11	89
		肝脏	4	96
光鸭	宰杀，去头、爪、内脏	净鸭	60	40
蔬菜类				
油菜	除老叶、帮、根，洗涤	净菜心	38	62
菠菜	除老叶、帮、根，洗涤	净菜	80	20
冬笋	剥壳，去老根	净冬笋	35	65
无叶莴笋	削皮，洗涤	净莴笋	60	40
无叶茭白	削皮，洗涤	净茭白	80	20
刀豆	去尖头，除筋，洗涤	净刀豆	90	10
蚕豆、毛豆	去壳	净豆	60	40
西葫芦	削皮，去籽，洗涤	净西葫芦	70	30
茄子	去头，洗涤	净茄子	90	10
冬瓜、南瓜	削皮，去籽，洗涤	净瓜	75	25
小黄瓜	削皮，去籽，洗涤	净黄瓜	75	25
大黄瓜	削皮，去籽，洗涤	净黄瓜	65	35
丝瓜	削皮，去籽，洗涤	净丝瓜	55	45
卷心菜	除老叶、帮、根，洗涤	净卷心菜	70	30
卷心菜	除老叶、帮、根，洗涤	净菜叶	50	50
芹菜	除老叶、帮、根，洗涤	净芹菜	70	30
青椒、红椒	除根、蒂、籽，洗涤	净椒	70	30
菜花	除叶、梗，洗涤	净菜花	80	20
大蒜	除老皮、根，洗涤	净大蒜	70	30
洋葱	除老皮、根，洗涤	净洋葱	80	20
山药	削皮，洗涤	净山药	66	34
青萝卜、白萝卜	削皮，洗涤	净萝卜	80	20
土豆	削皮，洗涤	净土豆	80	20
莲藕	削皮，洗涤	净莲藕	75	25

任务2　净料成本的核算

【任务描述】

本任务主要是能够对不同性质主配料、净料成本进行准确核算。

【学习准备】

对整鸡和各分档部分的销售价格进行市场调查，并填写表3.4。

表3.4　市场调查结果

调查地点		调查时间	
整鸡单价（kg）		鸡胸单价（kg）	
鸡腿单价（kg）		鸡全翅单价（kg）	
鸡胗单价（kg）		鸡中翅单价（kg）	
鸡肝单价（kg）		鸡架单价（kg）	
鸡爪单价（kg）		鸡头单价（kg）	

【任务思考】

1.原材料为什么要进行分档？

2.原材料分档后，其各档的销售价格发生了哪些变化？

【知识学习】

学习准备的总结分析

讨论：

1.整鸡分档的作用是什么？

2.整鸡分档后，各档原料的销售价格发生了哪些变化？

根据菜点产品的制作要求，不同菜肴对所用原料的选用部位也不相同。随着采购价格的变化，其制作成本也会发生变化。此外，在加工处理过程中，必定会产生一些可以或不可以再次利用的其他材料，这也会对原料的使用成本产生影响。

3.2.1　一料一档的成本核算

主配料是构成菜点产品的主体。主配料成本是产品成本的主要组成部分，要核算菜点产品的成本，必须首先核算主配料的成本。

菜点产品的主配料都是经过加工处理后的净料。因此，核算主配料成本实际上就是核算主配料的净料成本。净料是组成单位产品的直接原料，其成本直接构成产品的成本，所以，在计算菜点产品成本之前，应计算各种净料的成本。由此可见，净料成本核算是餐饮菜点成本核算的基本环节。

餐饮业中净料单位成本一般以千克为单位进行计算。净料单位成本的计算方法分为"一料一档"和"一料多档"两种方法。

"一料一档"是指毛料经过初步加工处理后，只得到一种净料。"一料一档"还分为两种情况：一是没有可以作价利用的废料；二是有可以作价利用的下脚料。这两种情况的计算方法是不同的。

　　1）没有可以作价利用的废料的一料一档计算公式

$$净料单位成本 = \frac{毛料重量 \times 毛料单价}{净料重量} = \frac{毛料总价}{净料重量}$$

　　【例3.6】清雅餐厅购入西红柿（图3.6）9 kg，其进货单价为5元/kg，经过加工处理后得到净西红柿8.1 kg。求：净西红柿的单位成本（每千克净西红柿的成本）。

　　解：购入西红柿的总价：$9 \times 5 = 45$（元）

　　　　　净西红柿的单位成本 $= \dfrac{45}{8.1} \approx 5.56$（元/kg）

　　答：净西红柿的单位成本是5.56元/kg。

　　2）有可以作价利用的下脚料的一料一档计算公式

$$净料单位成本 = \frac{毛料总价 - 下脚料总价}{净料重量}$$

　　【例3.7】清雅餐厅购入带皮后腿肉（图3.7）15 kg，单价为18元/kg，加工后得到净后腿肉12.5 kg，猪皮2.5 kg，猪皮单价为10元/kg。求：

　　1.净腿肉的单位成本是多少？

　　2.若制作某菜肴需要主料净腿肉300 g，则该菜肴主料的成本是多少元？

　　解：

　　1.购入后腿肉的总价：$15 \times 18 = 270$（元）

　　加工后猪皮的总价：$2.5 \times 10 = 25$（元）

　　净腿肉的单位成本 $= \dfrac{270 - 25}{12.5} = 19.6$（元/kg）

　　2.300 g = 0.3 kg

　　所需成本：$0.3 \times 19.6 = 5.88$（元）

　　答：净腿肉的单位成本是19.6元/kg，若制作某菜肴需要主料净腿肉300 g，则该菜肴主料的成本是5.88元。

图3.6　西红柿

图3.7　带皮后腿肉（猪肉）

3.2.2　一料多档的成本核算

　　一料多档是指毛料经过初步加工处理后，得到一种以上的净料。在核算一料多档中某档原料的单位成本时，必须知道其他各档原料的重量及单位成本。具体工作中可以通过测量和参考市场价格的方式来进行。其公式如下：

$$某档净料单位成本 = \frac{毛料总价-其他各档料净料成本总价}{某档净料重量}$$

【例3.8】某厨房进货光鸭（图3.8）30 kg，单价15.00元/kg；加工后得到鸭胸5 kg，单价40元/kg；鸭腿7 kg；鸭杂3.2 kg，单价16.00元/kg；鸭架、鸭脖等6 kg，单价7.5元/kg。求鸭腿的单位成本是多少？

解：

光鸭总价：$30 \times 15 = 450$（元）

鸭胸总价：$40 \times 5 = 200$（元）

鸭杂总价：$3.2 \times 16 = 51.2$（元）

架脖总价：$6 \times 7.5 = 45$（元）

鸭腿单位成本 $= \dfrac{450-200-51.2-45}{7} \approx 22.00$（元/kg）

答：鸭腿的单位成本是22.00元/kg。

图3.8　光鸭

3.2.3　半成品和熟品的成本核算

半成品和熟品在热加工过程中，一方面会产生副产品，另一方面还会耗用各种调味品。因此，在计算成本的时候要加上调味品的成本，减去可以作价的副产品。

【例3.9】清雅西餐厅购入光鸡（图3.9）15 kg，其进货单价为22元/kg。煮熟后留用鸡汤4 kg，鸡汤作价5元/kg；耗用洋葱、胡萝卜、香叶等成本5元；得到白煮鸡肉9 kg。求：每100 g熟鸡肉的成本是多少元？

图3.9　光鸡

解：熟鸡肉的总价：$15 \times 22 - 4 \times 5 + 5 = 315$（元）

熟鸡肉的单位成本 $= \dfrac{315}{9} = 35$（元/kg）

100 g熟鸡肉的成本 $= \dfrac{35}{10} = 3.5$（元）

答：每100 g熟鸡肉的成本是3.5元。

【目标检测】

1.某厨房购进青椒3.2 kg，其进货价格为7元/kg，加工清洗后得到净料2.3 kg。求：

（1）净青椒的单位成本是多少？

（2）制作某菜肴需要用净青椒150 g，则该菜肴中净青椒的成本是多少元？

2.某厨房购入五花肉10 kg，其进货单价为26元/kg。煮熟后获得浮油0.5 kg，成本为10元/kg；耗用调味品成本7.40元，制成酱肉7 kg。求：每100 g酱肉的成本是多少元？

3.某厨房购入草鱼60 kg，进货单价为9元/kg。经过处理后，得到带皮鱼肉18 kg，用于制作"抓炒鱼片"菜肴；得到鱼头30 kg，用于制作"鱼头汤"。已知净鱼头的市场价格为12元/kg。求：

（1）带皮鱼肉的单位成本是多少？

（2）如果带皮鱼肉的净出肉率为80%，则净鱼肉的单位成本是多少？

【任务拓展】

在家制作一道菜肴，计算其主配料成本，并填写表3.5。

表3.5 材料价格表

类别	原料名称	采购数量	采购单价	净料用量	净料单价	使用数量	金额（元）
主料							
配料							
成本合计（元）							

【知识链接】

安全购买食品的注意事项

1.在正规场所购买食品。

2.购买前注意查看包装标识是否齐全，是否标明商品名称、配料表、净含量、厂名、厂址、电话、生产日期、保质期、产品标准号等有关内容。

3.查看保质期、生产日期或失效日期。

4.查看产品标签，注意区分认证标志。

5.查看食品的色泽，不要被鲜艳、美观的外观所迷惑。

6.关注散装食品经营者的卫生状况，有无卫生合格证等相关证照，有无防护设施。

7.查看食品价格，货比三家，理性购买"打折""低价""促销"食品。

8.肉制品、腌腊制品最好到规范的市场购买。

9.妥善保管购物凭据及相关依据，在发生消费争议时可作为维权依据。

任务3　调味品成本的核算

【任务描述】

本任务是能够对菜点产品中的调味品成本进行准确核算。

【学习准备】

完成实验：如何从瓶中取出100 mL酱油，列出操作方法，完成表3.6。

表3.6　操作方法

步骤	具体描述
1	
2	
3	
4	
5	

【任务思考】

讨论：

1.在实际工作中，我们如何准确掌握菜肴所使用调味品的数量？

2.在菜点产品中，调味品的成本一定低于主配料成本吗？

　　每道菜肴的独特口味，除了来自所使用的原料本身的味道之外，还会因为各种调味品加入后与原料本身的味道混合在一起形成新的味道。因此，准确使用各种调味料就显得十分重要，特别是有些特殊调味品，虽然使用的量比较小，但是其价格并不低于有时甚至超过主配料的成本价格。所以，准确核算调味品的成本价格非常重要。

【知识学习】

学习准备的总结分析

　　在烹饪制作中使用调味品时，一般调味品的用量经常采取估算的方式。在一般菜点制品中，调味品的成本往往低于主配料成本。但是特殊菜肴或使用特殊调味品的菜点产品，在制作过程中，调味品的成本有时会高于主配料的成本。

　　菜点产品的口味，一部分来自于原材料本身的味道，另一部分则来自于调味品的使用。中国菜与其他国家和地区的菜肴相比，在调味的手段和调味品的使用上最为复杂。

　　在世界各国烹饪技术中，对于菜肴的调味都十分注重。尽管在菜点制作过程中，一般情况下调味品的使用量甚少，在菜点制作成本中所占的比重也不高，但是，从总体上来看，还是一个不小的数字。特别是在一些特殊菜肴的制作过程中，调味品的成本甚至超过主配料的成本。

　　随着复合调味品生产的迅速发展，调味品的种类更加丰富，在菜点产品成本中的比重也越来越大。因此，要准确核算其使用成本，保证菜肴制作成本的核算准确。

　　调味品用量的核算有两大类：第一类是精确计算方法；第二类是估算方法。

3.3.1 调味品用量的估算方法

调味品用量的估算方法一般分为3种，即容器估量法、体积估量法、规格比照法。

1）容器估量法

容器估量法是指在已知某种容器、容量的前提下，根据调味品在容器中的容量，估计出其重量，再按其价格计算出使用成本。如橄榄油、意大利醋、白葡萄酒等可以盛放在有刻度的容器中，根据实际用量来进行估算。例如：

1 L = 1 000 mL   1 L食用油 = 0.83 kg = 830 g

1 L白葡萄酒 = 1 kg = 1 000 g   1 L酱油 = 1.1 kg = 1 100 g

1汤匙油 = 15 mL = 12.45 g

2）体积估量法

体积估量法是指在已知某种调味品的一定体积和重量的前提下，根据其用料体积，直接估算出其重量，然后按其价格计算出使用成本。此方法主要适用于粉质、晶体或块状的调味品，如咖喱粉、盐、糖等。一般用得比较多的是汤匙和茶匙。例如：

1汤匙白葡萄酒 = 15 mL = 15 g   1汤匙盐 = 20 g

1茶匙盐 = 5 g   1茶匙胡椒碎 = 4 g

3）规格比照法

规格比照法是指对照烹调方法和用料质量相仿（指主配料）的菜点制品的调味料用量来确定新菜点调味品用量的方法。此方法比较简单，但不够准确。例如，在制作"意式烩牛肉"中所用的调味品有：牛肉烧汁200 mL，橄榄油50 mL，红葡萄酒80 mL，番茄酱50 g，香叶3 g，盐3 g，胡椒粉0.5 g。此配方可以参照作为制作意式烩小牛膝等其他相同制作方法和相同口味的菜肴。

3.3.2 调味品的成本核算

调味品的核算方法根据餐饮产品的生产加工方法，大体可以分为两种类型：单件生产和成批生产。

1）单件生产菜点的调味品成本核算

单件生产的菜点，其调味品成本是指单件制作的产品所用调味品的成本，也称个别成本。例如，各类单件生产的热菜的调味品成本。其一般计算步骤如下：

①首先计算出制作单件产品的各种调味品用量。

②根据其采购价格，分别计算出各种调味品的使用成本。

③把所用的调味品成本累计相加，得到单件产品的调味品成本。

【例3.10】制作一份普罗旺斯煎小牛肉片（图3.10）所用调味品数量如表3.7所示。

试求：其调味品成本是多少元？

解：首先计算每种调味品的成本

面包渣：$0.1 \times 12.5 = 1.25$（元）

面粉：$0.08 \times 7.6 = 0.608$（元）

西红柿：$0.1 \times 9.8 = 0.98$（元）

黄油：$0.03 \times 120 = 3.6$（元）

图3.10 普罗旺斯煎小牛肉片

表3.7 普罗旺斯煎小牛肉片的调味表

调味品名称	数量（g）	单价（元/kg）
面包渣	100	12.5
面粉	80	7.6
西红柿	100	9.8
黄油	30	120
橄榄油	120（mL）	118（L）
盐	5	4
复合香料	12	450

橄榄油：$0.12 \times 118 = 14.16$（元）

盐：$0.005 \times 4 = 0.02$（元）

复合香料：$0.012 \times 450 = 5.4$（元）

再将每种调味品的成本相加，就得到制作此菜肴所用调味品的成本。

调味品合计成本 $= 1.25 + 0.608 + 0.98 + 3.6 + 14.16 + 0.02 + 5.4 = 26.018$（元）

答：制作"普罗旺斯煎小牛肉片"所用调味品的成本是26.018元。

2）批量生产菜点的调味品成本核算

在批量生产菜点时，调味品的使用量较多，实际工作中应根据配方要求尽量称重，力求调味品的投放量准确。一般计算步骤如下：

①首先计算出产品所需各种调味品的总用量。

②根据采购价格，分别计算出各种调味品的使用成本，并计算出调味品的总成本。

③用调味品的总成本除以产品的数量（或重量），从而得到单件产品的调味品成本。

【例3.11】某西点房制作曲奇饼干（图3.11）30块，在制作过程中共耗用黄油100 g，单价120元/kg；细砂糖100 g，单价16元/kg；鸡蛋90 g，单价11.2元/kg；可可粉15 g，单价39元/kg；香草精1 mL，单价30元/瓶（30mL）。求：每块曲奇饼干的调味品成本是多少元？

解：计算调味品的总成本

$0.1 \times 120 + 0.1 \times 16 + 0.09 \times 11.2 + 0.015 \times 39 + \dfrac{1}{30} \times 30$

$= 12 + 1.6 + 1.008 + 0.585 + 1 = 16.193$（元）

每块曲奇的调味品成本：

$\dfrac{16.193}{30} \approx 0.540$（元）

答：每块曲奇饼干的调味品成本是0.540元。

图3.11 曲奇饼干

【目标检测】

1.制作"辣子鸡丁"一份，耗用各种调味品数量如表3.8所示。

表3.8 辣子鸡丁的调味品表

调味品名称	数量（g）	单价（元/kg）
色拉油	75	16.00
黄酒	10	7.00
酱油	15 mL	7.5元/瓶（500 mL）
白糖	5	6.00
淀粉	40	3.80

试求：其调味品成本是多少元？

2.某点心店制作"甘露酥皮"20片，在制作中耗用白糖55 g，单价2.60元/kg；猪油50 g，单价6.00元/kg；泡打粉2 g，单价9.50元/kg。问：单个酥皮所耗用的调味品成本是多少元？

【任务拓展】

调查（或制作）并计算一份"糖醋排骨"所需要的调味品及其成本，填写表3.9。

表3.9　糖醋排骨的调味品表

调味品名称	数量（g）	单价（元/kg）	金额
合计			

【知识链接】

中国饮食文化中的五味调和

五味，指辛、甘、酸、苦、咸五种味道。不同的味道进行合理搭配，符合顾客的需求，形成了不同的风味特色。五味调和，或者说五味调合，突出了中国烹饪的本质。也可以说，中餐烹饪是以味觉调制技术为显著特征的烹饪技术。《吕氏春秋·本味》中就有"调和之事，必以甘、酸、苦、辛、咸"的表述。五味是饮食调和的基础，五味调和的过程就是各种味道相互融合产生新味型的过程。西周末年，太史伯阳父明确说："和则生物，同则不继"（《国语·郑语》）。因此，"五味调和"的过程就是调五味而致和的活动，也是味觉艺术的创造和创新。"临饮食，必蠲[音：juān]洁，善调和，务甘肥"（《吕氏春秋》）。一个高明的厨师，必须善于调味。

以和合为标准的五味调和论，是中国传统文化注重融合的文化精神之所在，也是在饮食烹调活动领域中的贯彻和涵盖。台湾国学大师钱穆在《现代中国学术论衡》一书的序言中说："文化异，斯学术亦异。中国重和合，西方重分别。"以和为贵，以和为美，形成了中国文化重和合的精神特性。《吕氏春秋·本味》不仅提出"至味为上"，而且明确了"至味"的标准："久而不弊，熟而不烂，甘而不浓，酸而不酷，咸而不减，辛而不烈，淡而不薄，肥而不腻。"这对中国烹饪理论与实践的发展产生了极其深远的影响，而它所追求的适度、中庸、淡泊、和谐，不仅是中国传统的烹饪观、饮食观，更是中国传统的审美观、道德观、人生观。

任务4　餐饮产品成本的核算

【任务描述】

本任务是学习并掌握不同菜点产品制作成本的核算方法，掌握一般宴席制作成本的核算方法。

【学习准备】

在家中随意制作一份"冷菜"，核算出其制作成本，并填写表3.10。

表3.10　成本记录表

类别	原料名称	采购数量	采购单价	净料用量	净料单价	使用数量	金额（元）
主料							
配料							
调料							
成本合计（元）							

【任务思考】

1.菜肴的制作成本由哪些部分组成？

2.制作时所耗用的水、电、燃气等其他费用是否应该摊入制作成本中？

【知识学习】

学习准备的总结分析

讨论：

1.菜肴的制作成本是由哪些部分组成的？

2.在生产和销售过程中的各种耗费，如人员工资、燃料费等是否列入制作成本？

从学习准备工作来看，一份"冷菜"的制作成本主要是由主料成本、配料成本、调味品成本3个部分组成的。根据我国的有关规定，餐饮行业在生产和销售过程中的各种耗费，如人员工资、燃料费等只作为管理费用列支，进行单独核算，不计入菜肴制作的成本。

菜点产品成本核算，实质上是菜点产品原材料成本的核算，是制定菜点产品价格的基础。菜点产品的成本是其所耗用各种原材料的成本之和，即所耗用的主料成本、配料成本与调味品成本之和。由于菜点产品的加工制作大致可分为单件生产和批量生产两种类型，因此，产品成本核算的方法也有相应两种方法，即先分后总法和先总后分法。

3.4.1　单件产品成本核算方法

单件产品成本核算方法，主要适用"先分后总法"。就是先计算出产品中所耗用的主配料和调味品的成本，然后逐一相加，即可核算出单件产品的成本。这种方法主要适用于冷菜、热菜等单个生产的产品成本核算。其计算公式如下：

$$单件产品成本 = 所用主料成本 + 所用配料成本 + 所用调味品成本$$

【例3.12】制作一份米兰煎猪排（图3.12）所用原料有猪通脊150 g，单价26元/kg；火腿丝20 g，单价45元/kg；牛舌丝20 g，单价50元/kg；蘑菇丝10 g，单价16元/kg；奶酪粉5 g，单价17元/罐（85 g）；鸡蛋液50 g，单价12元/kg；面粉10 g，单价5.8元/kg；干红葡萄酒15 mL，单价16元/瓶（750mL）；盐2 g，单价4元/kg；百里香2 g，单价220元/kg；胡椒粉1 g，单价78元/kg；意大利面条20 g，单价19元/kg；色拉油30 mL，单价11元/L。求：一份米兰煎猪排的制作成本是多少元？

图3.12　米兰煎猪排

解：

猪通脊：$0.15 \times 26 = 3.9$（元）

火腿丝：$0.02 \times 45 = 0.9$（元）

牛舌丝：$0.02 \times 50 = 1$（元）

蘑菇丝：$0.01 \times 16 = 0.16$（元）

奶酪粉：$\dfrac{5}{85} \times 17 = 1$（元）

鸡蛋液：$0.05 \times 12 = 0.6$（元）

面粉：$0.01 \times 5.8 = 0.058$（元）

干红葡萄酒：$\dfrac{15}{750} \times 16 = 0.32$（元）

盐：$0.002 \times 4 = 0.008$（元）

百里香：$0.002 \times 220 = 0.44$（元）

胡椒粉：$0.001 \times 78 = 0.078$（元）

意大利面条：$0.02 \times 19 = 0.38$（元）

色拉油：$0.03 \times 11 = 0.33$（元）

米兰煎猪排的制作成本 $= 3.9 + 0.9 + 1 + 0.16 + 1 + 0.6 + 0.058 + 0.32 + 0.008 + 0.44 + 0.078 + 0.38 + 0.33 = 9.174$（元）

答：一份米兰煎猪排的制作成本是9.174元。

在实际工作中，首先对照标准菜谱进行原材料成本的核算，以便确定最终的销售价格，然后在日常管理过程中，随机选择产品抽样，测定单件产品实际成本的消耗。根据抽样测定结果，计算成本误差，填写抽样成本核算报表，分析误差原因，提出改进措施。

3.4.2　批量产品成本核算方法

批量产品成本核算方法，主要适用"先总后分法"，就是先计算出整批产品所耗用的主配料和调味品的成本，然后除以本批生产的数量，即可核算出单件产品的成本。这种方法主要适用于面点产品等批量生产的产品成本核算。其计算公式如下：

$$单件产品成本 = \frac{本批产品所用的原料总成本}{产品数量}$$

【例3.13】制作一批柠檬蛋糕（图3.13），所耗用的原材料有鸡蛋2 500 g，单价11.2元/kg；砂糖1 200 g，单价16元/kg；盐10 g，单价4元/kg；低筋面粉1 250 g，单价5.8元/kg；泡打粉20 g，单价15元/kg；蛋糕油150 g，单价38元/kg；酥油750 g，单价55元/kg；柠檬150 g，单价23.8元/kg；柠檬粉20g，单价44元/kg。一共制成柠檬蛋糕200块，求每块柠檬蛋糕的制作成本是多少元?

解：

鸡蛋：$2.5 \times 11.2 = 28$（元）

砂糖：$1.2 \times 16 = 19.2$（元）

盐：$0.01 \times 4 = 0.04$（元）

面粉：$1.25 \times 5.8 = 7.25$（元）

泡打粉：$0.02 \times 15 = 0.3$（元）

蛋糕油：$0.15 \times 38 = 5.7$（元）

酥油：$0.75 \times 55 = 41.25$（元）

柠檬：$0.15 \times 23.8 = 3.57$（元）

柠檬粉：$0.02 \times 44 = 0.88$（元）

图3.13　柠檬蛋糕

柠檬蛋糕总成本 $= 28 + 19.2 + 0.04 + 7.25 + 0.3 + 5.7 + 41.25 + 3.57 + 0.88 = 106.19$（元）

每块蛋糕的制作成本 $= \dfrac{106.19}{200} \approx 0.53$（元）

答：每块柠檬蛋糕的制作成本是0.53元。

3.4.3　宴席的成本核算方法

宴席是由冷菜、热菜、点心等各种菜点按照一定规格组合而成的。所谓宴席，其实就是产品组合，即系列化的菜点产品。宴席的成本也是由原材料组成的，凡属于实际耗用的主配料及调味品均列入宴席的成本中。其他费用如燃料费、管理人员工资等不计入宴席成本。

设计宴席菜单要考虑多方面的因素，统筹安排。一般要考虑以下几方面因素：

①人员情况和宴席标准。根据参加宴席人员的国籍、民族和宴席的标准选择菜点制定宴席菜单。首先，要考虑客人的国家、民族和宗教信仰，以便根据他们的生活习惯选择其喜爱的菜点。其次，要考虑宴席的标准。标准高，就要选用高档原料，但数量不要求多，制作要精，一般选择高雅清淡的菜肴。标准较低的宴席，可选用经济的菜点，菜品数量适当调整，同样要使宴席丰盛饱满。

②要考虑多种原料的配合。在制定宴席菜单时，要考虑使用不同的原料，不能单调乏味。可以选择不同的肉类、水产品、蔬菜、禽类等原料互相搭配，以便使宴席显得更加丰盛。同时，也可照顾到不同客人的口味爱好。但在选用多种原料时要注意分清主次，不要平均分配，主料数量要多些，配料数量要少些。

③要根据季节选用原料。在安排菜单时还要考虑季节特点，如冬季可以选用野味，夏季则多选用鲜料，圣诞节一般要选用火鸡。

④要考虑不同口味的配合。在安排宴席菜点时要选用多种烹调方法，使菜肴富于变化，既要协调悦目，又要绚丽多彩，给进餐者以良好的心理感觉。不仅勾人食欲，还要给

进餐者以艺术的享受。

1）中餐宴席成本核算

在餐饮行业中，中餐宴席成本的核算主要有两种形式：标准宴席的成本核算和预订宴席的成本核算两大类，如表3.11所示。

表3.11　宴席成本结构比重参考表

宴席等级	售价	成本率	冷菜	热菜	大菜	点心水果
普通宴席	500	50%	10%	30%	50%	10%
中等宴席	1 000	45%	12%	30%	45%	13%
较高级宴席	2 000	40%	15%	30%	40%	15%
高级宴席	5 000	35%	15%	30%	40%	15%

（1）一般宴席的成本核算

主要是根据餐厅确定的标准宴席单中，每一个菜点产品成本相加，所得总值即为该宴席的成本。其计算公式为：

$$宴席成本 = 菜点1成本 + 菜点2成本…… + 菜点n成本$$

【例3.14】一桌普通中餐宴席，菜品组合为：冷菜4道，热炒4道，大菜5道，点心1道，甜品1道。计算成本如表3.12所示。

表3.12　A宴席成本统计表

单位：元

冷菜	白斩鸡	哈尔滨红肠	皮蛋豆腐	酸辣瓜条	
	10.5	6.5	4.5	1.8	
炒菜	爆炒墨鱼筒	火爆腰花	炸三丝卷	溜鱼片	
	12.3	15	9.5	12.8	
大菜	葱烧海参	百花酿冬菇	香酥鸡	清蒸鲈鱼	酸辣汤
	35.5	17.6	19.5	22.5	5.4
点心	佛手包				
	6.8				
甜品	银耳果羹				
	4.8				

问：A宴席的制作成本是多少元？

解：

A宴席成本 = 10.5 + 6.5 + 4.5 + 1.8 + 12.3 + 15 + 19.5 + 12.8 + 35.5 + 17.6 + 9.5 + 22.5 + 5.4 + 6.8 + 4.8 = 185（元）

答：A宴席的制作成本是185元。

（2）预订宴席的成本核算

对于顾客预订宴席的成本核算，应按照预订宴席的规格标准、费用标准、参宴人数、宴席时间、结算方式及相应的成本率等，计算宴席的成本、各类菜点成本及各道菜肴的成本。具体核算步骤如下：

①根据宴席的规格要求和费用标准及规定的成本率，计算宴席总成本和单位成本。其计算公式如下：

宴席总成本 = 宴席总售价 × 成本率

$$宴席单位成本 = \frac{宴席总成本}{宴席桌数}$$

②根据宴席成本、等级和各类菜点成本所占的比重，计算各类菜点总成本和单位成本。

某类菜点总成本 = 宴席单位成本 × 该类菜品所占比重

$$某类菜点单位成本 = \frac{该类菜品总成本}{宴席桌数}$$

③确定每桌菜点品种和个数，并分别计算出各个品种的成本。

④成本检验。各菜点品种的成本之和与宴席成本相等。

【例3.15】某顾客预订普通宴席20桌，每桌600元。按照普通宴席的成本率为60%计算，4道冷菜，占10%；4道热菜，占20%；6道大菜，占60%；2道点心和1个果盘，占10%。试求该宴席的总成本和每桌各类菜点的单位成本。

解：

宴席总售价：20 × 600 = 12 000（元）

宴席总成本：12 000 × 60% = 7 200（元）

宴席单位成本：7 200 ÷ 20 = 360（元）

冷菜总成本：7 200 × 10% = 720（元）

冷菜单位成本：720 ÷ 20 = 36（元/桌）

热菜总成本：7 200 × 20% = 1 440（元）

热菜单位成本：1 440 ÷ 20 = 72（元/桌）

大菜总成本：7 200 × 60% = 4 320（元）

大菜单位成本：4 320 ÷ 20 = 216（元/桌）

点心果盘总成本：7 200 × 10% = 720（元）

点心果盘单位成本：720 ÷ 20 = 36（元/桌）

答：该宴席的总成本为7 200元，每桌冷菜成本为36元，热菜成本为72元，大菜成本为216元，点心果盘成本为36元。

2）西餐宴席成本核算

西餐宴席一般分为：正式宴会、冷餐酒会、鸡尾酒会等多种形式。

（1）正式宴会

适宜招待规格较高、人数不是很多的客人。正式宴会的菜点包括：头盘、汤、热菜、点心、水果、饮料等内容，如图3.14～图3.17所示。由于不同国家的民族生活习惯的不同，在菜点内容的安排上也有所不同。随着社会的进步和人民生活水平的提高，宴会的内容也逐渐由繁到简，由多到精。目前，多数饭店对正式宴会的菜点安排大体如下：

①头盘。头盘约占宴会总成本的20%。可安排冷头盘，也可安排热头盘，目前流行每人一盘的上菜形式。

②汤和主菜。共占宴会总成本的60%左右。汤要安排每人1份，其规格是零售规格分量的70%。主菜一般安排1～2道，也要每人1份，其规格一般是零售规格分量的70%。

③点心、饮料、水果。占宴会总成本的20%左右，也要安排每人1份，但每份的量不宜过多。

（2）冷餐酒会

以冷菜为主，热菜为辅，菜点的品种丰富多彩，一般都在20种以上，而且讲究拼摆艺术。菜点比例大体是：冷菜占70%，热菜占10%，点心占20%。冷菜可安排各种沙拉、冷冻、肉批等菜肴，热菜可安排烩、焖类菜肴。选用的原料要新鲜卫生，整形菜肴要完整无损，安排的菜点要有多种原料和不同的风格。

（3）鸡尾酒会

主要是以饮为主，以吃为辅，除饮用各种鸡尾酒外，还备有其他饮料，但一般不用烈性酒。传统的鸡尾酒会菜点较少，主要是一些冷小吃，随着鸡尾酒会的形式在世界各地的普及，其菜点的供应也逐渐丰富。目前的鸡尾酒会习惯上要安排8~10种冷小吃，主要是各种带面包托的牙签小吃。热小吃可安排2~4种，主要是一些煎、炸、烤的菜肴，上台时也要切成小块，以便用牙签插食。还可以安排4~6种点心，几种干果。

西餐宴席的成本核算方法，一般是以每人消费标准来进行核算的。其计算公式如下：

$$宴席成本 = 人数 \times 每人费用标准 \times 成本率$$

图3.14　西式餐台

图3.15　自助餐台

图3.16　水吧台

图3.17　西式小吃

【例3.16】某公司宴请合作商举办西餐正式宴会，每人用餐标准300元，预计参加人数是40人。若宴会的成本率为45%，头盘占20%，汤占10%，主菜占50%，点心占15%，饮料水果占5%来计算，求该宴会的总成本及各类菜品的单位成本。

解：

宴会总成本：$40 \times 300 \times 45\% = 5\ 400$（元）

头盘总成本：$5\ 400 \times 20\% = 1\ 080$（元）

头盘单位成本：$\dfrac{1\ 080}{40} = 27$（元/份）

汤总成本：$5\ 400 \times 10\% = 540$（元）

汤单位成本：$\dfrac{540}{40} = 13.5$（元/份）

主菜总成本：$5\ 400 \times 50\% = 2\ 700$（元）

主菜单位成本：$\dfrac{2\ 700}{40} = 67.5$（元/份）

点心总成本：$5\ 400 \times 15\% = 810$（元）

点心单位成本：$\dfrac{810}{40} = 20.25$（元/份）

饮料水果总成本：$5\ 400 \times 5\% = 270$（元）

饮料水果单位成本：$\dfrac{270}{40} = 6.75$（元/份）

答：宴会的总成本是5 400元，其中，每份头盘的成本是27元，每份汤的成本是13.5元，每份主菜的成本是67.5元，每份点心的成本是20.25元，每份饮料水果的成本是6.75元。

【目标检测】

1.制作一份罐焖牛肉的配方如表3.13所示。

表3.13 罐焖牛肉的配方表

原料名称	数量（g）	单价（元/kg）	金额	原料名称	数量（g）	单价（元/kg）	金额
牛肉	800	56		油炒面粉	50 g	7.8	
土豆	200	2.8		番茄酱	50 g	24	
葱头	100	2		红葡萄酒	100 mL	17（750 mL）	
胡萝卜	100	2.2		辣酱油	20 mL	18（L）	
西红柿	80	5.4		盐	7 g	4	
芹菜	50	3.5		糖	10 g	7	
鲜白蘑	50	8		黑胡椒粒	2 g	150	
净豌豆	50	10		大蒜粒	10 g	11	
布郎基础汤	400（mL）	30（L）		白胡椒粉	1 g	78	
成本合计						元	

求一份罐焖牛肉的制作成本是多少元？

2.制作马芬蛋糕50块，需要的原料有：鸡蛋700 g，单价11.2元/kg；砂糖350 g，单价16元/kg；低筋粉450 g，单价5.8元/kg；香粉5 g，单价200元/kg；蛋糕油40 g，单价38元/kg；色拉油100 g，单价12元/kg。求每块马芬蛋糕的制作成本是多少元？

【任务拓展】

制作一份蔬菜沙拉，填写表3.14。

表3.14　蔬菜沙拉

原材料名称	采购单价	使用数量	金额	备注
成本合计		元		
销售价格	若成本率为60%，则此沙拉的售价应为			元

【知识链接】

西餐宴会礼仪的一般常识

1.当全体客人面前的菜都上齐后，经宴会的女主人示意后才可开始用餐。

2.一般情况下，餐巾应铺在膝上。可用餐巾的一角擦去嘴上或手指上的油渍，但绝不可用餐巾揩拭餐具。

3.用餐时身体要坐直，不可过于向前倾斜，不要把两臂横放在桌上，避免相互碰撞。

4.应右手用刀，左手用叉。如只用叉时，可用右手拿。刀刃向内，不要用刀送食物入口。切肉应避免发出响声。吃面条时，要用叉卷食。用餐中途放下刀叉，呈"八"字形放在盘中。刀叉平行摆放在一起，则表示用餐完毕。

5.取面包应直接用手去取，不能用叉子去叉面包。取黄油应用专用的黄油刀。食用面包时要用手撕，不要用刀切面包。

6.吃沙拉时只能用叉子。

7.喝水时，应先咽下口中的食物，擦去嘴上的油渍，不要用水冲嘴里的食物。

8.进餐时，不要将碗碟端起来。喝汤可以将盘子倾斜，然后用汤匙取食。喝茶或喝咖啡不要把汤匙放在杯子里。

9.用餐时，不要发出响声，咀嚼时应该闭嘴。

10.用餐时，尽量不要在餐桌前擤鼻涕或打嗝。

11.一般不在饭桌上剔牙，如有需要，应用餐巾将嘴遮住。

12.当侍者依次为客人上菜时，走到你的左边，才轮到你取菜。如果实在不喜欢吃某种菜，也可以说："谢谢你，不要了。"

13.用餐完毕，客人应等女主人（或主人）从座位上站起后，再一起随着离席。起立后，男宾应帮助女士把椅子放回原处。

饮食产品价格的核算

【模块导读】

　　由于餐饮业的经营特点是产、销、服务一体化，因此，菜点产品价格的构成包括了从加工制作到消费各个环节的全部费用。

　　本模块是深入了解菜点产品价格构成的重要基础，准确掌握菜点产品价格核算方法的有效途径，对合理确定及灵活调整菜点产品价格具有重要意义。

【学习目标】

1. 识记菜点产品价格的构成。
2. 掌握毛利率间的换算方法。
3. 分析毛利率与价格的关系。
4. 能够利用毛利率法对菜点产品价格进行准确核算。
5. 熟识产品价格调整的原则。
6. 了解产品价格调整的步骤。
7. 掌握产品价格调整的方法。

任务1　产品销售价格的构成

【任务描述】

本任务是识记菜点产品价格的构成，掌握毛利率间的换算方法。

【学习准备】

分析一道菜品的价格中除去原料成本之外还应包含哪些费用？

【任务思考】

同一种菜品在不同的餐厅进行销售时为什么会出现不同的价格？

【知识学习】

学习准备的总结分析

一道菜品的价格中，除去原材料的成本之外，还应该包括：经营管理的费用、依法上缴的税金以及餐厅合理的利润。同一菜品由于不同餐厅的管理费用、税金等差异，所以会出现不同的销售价格。

4.1.1　菜点产品价格的构成

由于餐饮业是产、销、服务3个过程同时在一个餐饮企业内实现的，因此，餐饮产品的成本应包括：生产成本、销售成本、服务成本3个部分。餐饮产品的销售价格是由产品成本、营业费用、税金及利润4个部分组成。在实际操作中，各种餐饮产品在生产和销售过程中，除去原材料成本可以单独按品种进行核算外，生产经营费用很难分摊到产品成本中去。所以，在餐饮行业中，在核算餐饮产品价格时，通常把原材料成本作为产品成本要素，而把经营管理费用、税金、利润合并在一起形成"毛利"，以便于计算餐饮产品的价格。其计算公式如下：

$$餐饮产品销售价格 = 产品成本 + 营业费用 + 税金 + 利润$$
$$餐饮产品销售价格 = 产品成本 + 毛利$$

产品成本：是指该产品所耗用的原材料成本，即主料成本、配料成本以及调味品成本。

营业费用：包括经营过程中的其他各项开支，如水电费、燃料费、修缮费、办公费、折旧费、职工工资奖金等。

税金：在营业过程中，依法缴纳的税金及附加。

利润：也称纯利，是指营业收入扣除产品成本、营业费用、税金之后的余额，是反映企业经营业绩的指标。即：

$$利润 = 毛利 - 营业费用 - 税金$$

【例4.1】某餐厅8月份的营业收入是586 000元，营业成本是350 000元，营业费用是126 000元。增值税按6%计算，附加税按所缴增值税的10%计算。试问：该餐厅8月份的利润和利润率是多少？

解：按一般纳税人计算，假如未取得进项发票，且586 000元为不含税收入，则该餐厅应纳增值税为：586 000 × 6% = 35 160（元），附加税为（仅考虑城市维护建设税和教育附加）：35 160 ×（7%+3%）=3 516（元）

毛利 = 营业收入 - 营业成本

　　　= 586 000 - 350 000 = 236 000（元）

利润 = 毛利 - 营业费用 - 税金

　　　= 236 000 - 126 000 - 3516 = 106 484（元）

$$利润率 = \frac{利润}{营业收入} \times 100\% = \frac{106\ 484}{586\ 000} \times 100\% = 18.17\%$$

答：该餐厅8月份的利润是106 484元，利润率是18.17%。

产品成本和价格确定后，能否使企业获得营利，就要看毛利是否大于营业费用与税金之和。凡毛利大于两者之和，企业就会有所盈余；反之，毛利小于两者之和，企业就会出现亏损。

4.1.2 毛利率及其换算

1）毛利率

毛利率，是指毛利与成本或销售价格的比率，可分为成本毛利率和销售毛利率两种形式。

成本毛利率，又称"外加毛利率"，是毛利与成本的比率。其计算公式如下：

$$成本毛利率 = \frac{产品毛利}{产品成本} \times 100\%$$

销售毛利率，又称"内扣毛利率"，是指毛利与销售价格的比率。其计算公式如下：

$$销售毛利率 = \frac{产品毛利}{销售价格} \times 100\%$$

【例4.2】"友好西餐厅"一份蔬菜沙拉（图4.1）的原材料成本是15元。如该菜肴的销售价格为25元，问该菜肴的成本毛利率和销售毛利率各是多少？

解：

毛利 = 销售价格 − 产品成本 = 25 − 15 = 10（元）

$$成本毛利率 = \frac{产品毛利}{产品成本} \times 100\% = \frac{10}{15} \times 100\% = 66.67\%$$

$$销售毛利率 = \frac{产品毛利}{销售价格} \times 100\% = \frac{10}{25} \times 100\% = 40\%$$

答：该菜肴的成本毛利率是67%，销售毛利率是40%。

图4.1 蔬菜沙拉

根据餐饮业的特点，餐饮产品价格一般是通过毛利率来控制的，由企业按照物价管理部门的规定和市场正常价格秩序，结合本企业的特点，逐一确定具体经营品种的毛利率和销售价格。

2）毛利率的换算

成本毛利率与销售毛利率存在着一定关系，其换算公式如下：

$$成本毛利率 = \frac{销售毛利率}{1-销售毛利率}$$

$$销售毛利率 = \frac{成本毛利率}{1+成本毛利率}$$

图4.2 勃艮第焗蜗牛

【例4.3】某西餐厅供应的勃艮第焗蜗牛（图4.2），成本毛利率是75%，问其销售毛利率是多少？

解：

$$销售毛利率 = \frac{成本毛利率}{1+成本毛利率} = \frac{75\%}{1+75\%} = 42.86\%$$

答：勃艮第焗蜗牛的销售毛利率是42.86%。

【例4.4】友好西餐厅制作红酒烩鸡（图4.3），其销售毛利率为39%。问其成本毛利率是多少？

解：

$$成本毛利率 = \frac{销售毛利率}{1-销售毛利率} = \frac{39\%}{1-39\%} = 63.93\%$$

答：其成本毛利率是63.93%。

图4.3 红酒烩鸡

【目标检测】

1.某饭店1月份的营业额是24.6万元，原材料成本共耗费12.4万元，营业费用是6.86万元，税金是1.23万元。问该饭店1月份的利润和利润率是多少？

2.某餐厅提供的宴席售价是688元，经核算其制作成本是386.10元。问该宴席的销售毛利率和成本毛利率是多少？

【任务拓展】

调查某餐厅一道菜点的销售毛利率和成本毛利率，填写表4.1。

表4.1 调查表

餐厅名称		菜点名称	
类别	名称	重量	金额
主料			
配料			
调料			
成本合计			
销售价格			
成本毛利率			
销售毛利率			

【知识链接】

如何确定餐饮企业的毛利率

根据国家有关部门的相关规定，餐饮企业一般将大众化产品的毛利率定在35%～40%；将热炒、冷菜的毛利率定在40%～50%；将特色风味菜肴和高档宴席定在50%～60%。我国一般中档餐饮企业的综合毛利率为50%～55%。在确定菜点产品的毛利率时，还应考虑以下几个方面的因素：

1.用料精致、货源缺乏的菜点产品，毛利率要高一些；原料质地一般、货源充足的大众化食品，毛利率可以适当降低。

2.技术力量强，设施设备条件好，服务项目齐全，档次较高的餐厅，毛利率要比一般餐厅高一些。

3.富有特色的风味名菜、名点，毛利率可以比一般菜点的毛利率高一些。

4.加工制作过程复杂，耗工耗时的菜点，毛利率要比一般大众化菜点高一些。

5.原料成本价值低、起售点小的产品，毛利率可以适当提高。

任务2　产品销售价格的计算

【任务描述】

本任务是分析毛利率与价格的关系，能够利用毛利率法对菜点产品价格进行准确核算。

【学习准备】

网络调查并学习"餐饮产品的定价方法有哪些？最常用的是哪一种？"

【任务思考】

餐饮企业如何核定菜点产品的销售价格？

【知识学习】

学习准备的总结分析

讨论：

1.目前餐饮市场中，采用哪些定价方法？

2.这些定价合理吗？

目前市场上，一般餐饮企业所采用的定价方法有：需求定价法、竞争定价法、随时变动法、组合定价法、随行就市法等。其中，最为常用的是"成本加利润定价法"。具体到一家餐厅的菜品定价，不仅要计算其菜点产品的制作成本，而且要考虑其日常经营管理的费用等其他因素。

4.2.1　利用销售毛利率法计算产品价格

销售毛利率法，又称内扣法，是以产品的售价为基础，即100%，从中扣除预期毛利占销售价格的百分比和销售毛利率，等于产品成本占售价的百分比，并以此为依据来计算产品销售价格。其计算公式的推导为：

设：S为销售价格，C为产品成本，M为毛利，P_s为销售毛利率。

$$\because P_s = \frac{M}{S} \cdots\cdots ①\qquad S = C + M \cdots\cdots ②$$

将①移项后代入②

$$\therefore S = C + S \times P_s$$

移项合并后得：

$$S(1 - P_s) = C$$

移项后得：

$$S = \frac{C}{1 - P_s}$$

即：销售价格 $= \dfrac{\text{产品成本}}{1 - \text{销售毛利率}}$

【例4.5】某西餐厅制作黄油鸡卷（图4.4）一份，耗用原材料有：带骨鸡胸300 g，单价为26元/kg；黄油15 g，单价120元/kg；面包托50 g，单价5元/千克；调味品1.2元。若销售毛利率为45%，试求它的销售价格是多少元？

解：

1. 黄油鸡卷的成本

带骨鸡胸 $0.3 \times 26 = 7.8$（元）

黄　油 $0.015 \times 120 = 1.8$（元）

面包托 $0.05 \times 5 = 0.25$（元）

总成本 $= 7.8 + 1.8 + 0.25 + 1.2 = 11.05$（元）

2. 黄油鸡卷的销售价格

销售价格 $= \dfrac{11.05}{1-45\%} \approx 20.09$（元）

答：一份黄油鸡卷的销售价格是20.09元。

【例4.6】清雅西餐厅一份炸奶酪小牛排（图4.5）的销售价格是68元，销售毛利率是55%。试求该菜肴的成本是多少元？

解：

$\because S = \dfrac{C}{1-P_s}$

$\therefore C = S（1 - P_s）= 68（1 - 55\%）= 30.6$（元）

答：该菜肴的成本是30.6元。

图4.4　黄油鸡卷

图4.5　炸奶酪小牛排

4.2.2　利用成本毛利率法计算产品价格

成本毛利率法，又称"外加法"，是以产品的成本为基础，即100%，加上毛利占产品成本的百分比及成本毛利率，再以此计算产品的销售价格。其计算公式的推导为：

设：S为销售价格，C为产品成本，M为毛利，P_c为成本毛利率。

$\because P_c = \dfrac{M}{C}$………① 　　$S = C + M$………②

将①移项后代入②

$\therefore S = C + C \times P_c$

合并后得：

$S = C（1 + P_c）$

即：销售价格 = 产品成本 ×（1 + 成本毛利率）

【例4.7】现生产200个墨西哥面包（图4.6），原料耗用：高筋面粉10 kg，单价4.2元/kg；白砂糖1.8 kg，单价3元/kg；鸡蛋800 g，单价5.6元/kg；奶油800 g，单价14元/kg；奶粉300 g，每袋

18元/500 g；干酵母150 g，每袋24元/500 g；面包改良剂100 g，每袋22元/500 g。求：每个面包的成本是多少元？若成本毛利率是60%，则每个售价是多少元？

解：1.面包总成本

高筋面粉：$10 \times 4.2 = 42$（元）

白砂糖：$1.8 \times 3 = 5.4$（元）

鸡蛋：$0.8 \times 5.6 = 4.48$（元）

奶油：$0.8 \times 14 = 11.2$（元）

奶粉：$300 \times \dfrac{18}{500} = 10.8$（元）

干酵母：$150 \times \dfrac{24}{500} = 7.2$（元）

面包改良剂：$100 \times \dfrac{22}{500} = 4.4$（元）

总成本 $= 42 + 5.4 + 4.48 + 11.2 + 10.8 + 7.2 + 4.4 = 85.48$（元）

2.单个面包成本

$85.48 \div 200 \approx 0.43$（元）

3.单个面包售价

销售价格 = 产品成本 ×（1 + 成本毛利率）

$= 0.43 \times（1 + 60\%）\approx 0.69$（元）

答：每个面包的成本是0.43元；若成本毛利率是60%，则每个售价是0.69元。

【例4.8】已知一份红酒煮牛扒（图4.7）的销售价格是58元，确定该菜肴的成本毛利率是80%。求该菜肴的成本应是多少元？

解：$\because S = C（1 + P_c）$

$\therefore C = \dfrac{S}{1 + P_c} = \dfrac{58}{1 + 80\%} \approx 32.22$（元）

答：该菜肴的成本应是32.22元。

图4.6　墨西哥面包

图4.7　红酒煮牛扒

【目标检测】

1.已知制作某批点心共耗用原材料费用为720元，销售所得1 240元。问该批产品的成本毛利率和销售毛利率是多少？

2.某顾客预订酒席标准是880元/桌，若该酒店确定的销售毛利率为45%。求每桌酒席的成本是多少元？每桌的销售毛利额是多少元？

3.某西饼屋月初库存原料2 860元，本月购进原料14 420元，月末库存原料为1 260元。本月的营业额是25 840元。求该西饼屋本月销售毛利率是多少？

【任务拓展】

制作一份"西式早餐"，填写表4.2。

表4.2　西式早餐

原料名称	重量	单价	金额
成本合计			
销售价格	若销售毛利率是40%，则售价是		元
	若成本毛利率是75%，则售价是		元

【知识链接】

毛利率的换算

在酒店的财务分析中，经常使用销售毛利率法，因为财务会计中的各项指标，如费用率、税金率、资金周转率、利润率等，都是以营业额为基数计算的。它与销售毛利率的计算口径是一致的。其公式表示为：销售毛利率＝费用率+税金率+利润率。

如改用成本毛利率计算的话，上列公式就不能适用，这对分析、检查和编制计划等财务分析工作来讲都很不方便。

但从销售价格的核算方面来看，成本毛利率法比销售毛利率法更便于操作。因为成本毛利率计算是以制作成本为基数的。在实际工作中，餐饮产品生产制作人员，特别是厨房管理人员大都习惯用成本毛利率法，即"内扣法"。为了解决这个矛盾，在日常管理中，经常把毛利率法进行换算，以便于厨房和财务部门的日常管理。

任务3　产品销售价格的调整

【任务描述】

本任务是熟识产品价格调整原则，了解产品价格调整步骤，掌握产品价格调整的方法。

【学习准备】

网络调查，近3年来北京市场某一餐饮企业调整价格的因素。

【任务思考】

1.餐饮企业产品价格调整的原因有哪些？

2.具体的调价方式有哪些？

【知识学习】

学习准备的总结分析

讨论：

1.餐厅里每种菜品价格是永远不变的吗？

2.出现什么情况时，经营者会采取调价的方式来应对？

价格是商品市场价值的体现。随着市场的变化，任何商品的价值都会发生变化，而最终必将体现在商品的价格上。所以，经营者要根据市场的变化，以及消费者的不同需求，适当调整产品的价格，增强市场适应能力，才能使企业得到更好的发展。

对于餐饮企业的经营者或消费者来说，菜品的价格永远都是萦绕在两者心头的一个重要因素。餐饮企业在开张之前，经营者就必须对菜点产品的价格进行统筹和规划，对市场上的同类产品进行一番深入调研之后，才能进行价格的制定，主体价格一旦敲定，则不宜轻易进行变动。

当然，餐饮企业菜点产品的价格并不是一成不变的。它要根据市场环境和经济情况的变化进行适度调整，这种价格上的调整应该是有针对性的、理性的调整，是为了适应整个市场的变化，而不是企业自身随意的行为。

4.3.1　产品价格调整的原则

餐饮企业在进行菜点产品价格调整时，要注意把握好以下几方面的原则：

1）市场导向原则

餐饮企业的生存和发展必须以市场为导向，菜点产品价格的调整，不是简单的涨价或降价，它是建立在了解市场情况、预测市场未来、分析市场动态的基础之上，有周密计划，有具体方案，分步骤实施的一个重要决策，绝不是经营者的随意行为。菜点产品价格的提升或降低，都是为了迎合市场和企业生存发展需求而进行的。

2）供求平衡原则

销售价格反映了菜点产品本身的价值以及供求的关系，但这仅仅只是理论上的，是最理想化的状态。但现实中的情况往往是处于不同角度的主客双方，对于餐饮企业的软硬件设施以及菜品质量的评价是很难达成一致的。供求关系也并不是永恒不变的，而是时刻都在不断变化的，它是一个变量，没有绝对的供求平衡。菜点产品在供求比例的不断影响之下，无论最后的价格是高于其价值还是低于其价值都是司空见惯的。值得注意的是，毫无理由地背离其价值本身的价格，或是无法反映出供求关系的价格，都应当在实际操作的过程当中注意避免，毫无创新的服务或是菜品，却给出令人无法接受的高价，注定会给餐饮企业带来很大的负面影响。

3）局部调整原则

餐饮企业在进行菜点产品价格调整时，应注意不要一次性针对所有的菜品价格进行调整，不能对主体价位造成冲击，应在某一类菜品或是某几道菜品当中进行调整。在短时间内对一部分菜品进行精品推荐或特价处理的方式来进行价格调整，借此过程来检验顾客的反应，以便调整下一步调价方案。

4.3.2　产品价格调整的步骤

1）选准调价时机

价格调整时间过早，引起敏感性反应，可能影响企业客源和声誉；价格调整时间过迟又贻误战机，影响企业经济收入。

2）分析企业实力

主要包括分析企业的生产经营、服务接待能力以及管理水平、产品质量、企业声誉等因素。只有将市场需求变化与企业的实际情况结合起来，调整价格才具有坚实的基础。

3）选择调价范围和品种

餐饮产品花色品种多，价格的调整往往是局部的。因此，正式调价前，餐饮经营者要针对以往菜点产品的销售情况进行分析，选择适当的调价范围和花色品种。

4）确定调价方案

以国家经济政策为依据，结合前面进行的调查分析，制定具体的调价方案，选择恰当的方式，对菜单上的产品价格和服务收费标准作出调整。

4.3.3　产品价格调整的方法

目前，餐饮企业中采取调价的方式有很多，下面介绍几种常用的方法：

1）综合比例法

这种方法一般适用于餐饮企业的政策性调价。主要是因国家经济政策变化或市场物价政策变动而采取的调整方法。具有一定的综合性，普遍性。具体方式是以原定价格为基数，适当调整价格幅度。其计算公式为：

$$新价格 = 原价格 + 原价格 \times 调价幅度$$

【例4.9】某西餐厅的自助餐（图4.8）标准为128元/位。因受市场原材料价格上涨、人员工资提升等因素的影响，经企业核算，决定将价格上调10%。问新价格应为多少元？

解：新价格 = 原价格 + 原价格 × 调价

新价格 = 128 + 128 × 10% = 140.8（元）

答：自助餐标准应为整数，从让利的角度和定价策略来衡量，新价格可定为139元。

2）成本变动法

这种方法以餐饮产品成本变动为基础来调整价格，它主要适用部分时令产品、季节产品和因市场价变动，引起食品原材料进价成本变动带来的产品价格调整。其计算公式为：

$$新价格 = \frac{原成本+新增成本}{1-销售毛利率}$$

图4.8　自助餐厅

图4.9　铁扒牛外脊

【例4.10】清雅西餐厅的铁扒牛外脊（图4.9）原定价格为68元/份，原料成本为39元。因市场牛肉价格上涨的因素，每份原料成本为42.5元，要达到原销售毛利率指标，应将价格调整到多少元？

解：

1.原产品销售毛利额 = 68 - 39 = 29（元）

2.原产品销售毛利率 $= \dfrac{毛利}{售价} \times 100\% = \dfrac{29}{68} \times 100\% = 42.6\%$

3.新价格 $= \dfrac{原成本+新增成本}{1-销售毛利率} = \dfrac{42.5}{1-42.6\%} = 74.04$（元）

4.分析：菜单的价格应为整数，根据计算结果和本餐厅的销售情况确定其销售价格调整为75元。

答：要达到原销售毛利率指标，应将该菜肴的价格调整到75元。

3）喜爱程度法

喜爱程度是指某种餐饮产品的销售份数占全部就餐客人的百分比。由于餐厅提供的菜点产品花色品种较多，顾客对各种菜点的喜爱程度不同，因此，企业要通过分析顾客对菜点产品的喜爱程度，了解生产经营情况和价格是否合理，进行适度调整，并以此来吸引顾客前来就餐。其计算公式为：

$$喜爱程度 = \frac{某产品的销售总份数}{用餐总人数} \times 100\%$$

【例4.11】如表4.3所示。

表4.3　某西餐厅每周销售统计表

菜肴类型：热菜

2013.8.5—8.11	销售份数							
星期	一	二	三	四	五	六	日	总计
米兰煎猪排	22	24	31	26	28	38	32	201
啤酒糊炸鱼柳	23	25	28	33	31	36	35	211
意式烩牛肉	24	19	28	22	27	31	24	175
铁板牛扒	36	37	40	41	49	51	47	301
莳萝烩海鲜	18	15	22	23	25	31	26	160
小计	123	120	149	145	160	187	164	1 048
用餐人数	55	51	62	59	72	85	79	463

记录人：

记录时间：

销售分析：

1.本周销售量最高的热菜是"铁板牛扒"，其喜爱程度为：

铁板牛扒的喜爱程度 $= \dfrac{301}{463} \times 100\% = 65.01\%$

2.本周销售量最低的热菜是"莳萝烩海鲜"，其喜爱程度为：

莳萝烩海鲜的喜爱程度 $= \dfrac{160}{463} \times 100\% = 34.56\%$

改进建议：

1.由于铁板牛扒的制作质量好，价格合理，因此，顾客的喜爱程度较高。在今后的经营中要重点保持菜品质量，可逐渐形成餐厅的经营特色之一，若长期供不应求可适当提高价格。

2.莳萝烩海鲜属于白汁菜，一般中国顾客不易接受，因此销售量不高，建议改进装盘造型。如果点餐率长期不高，可作为特价菜品进行重点推荐，以提高销量。若销量持续下降，也可从菜单中除去，添加新菜肴。

【目标检测】

1.餐饮产品价格调整的基本原则是：_____，_____，_____。

2.餐饮产品价格调整的步骤是：_____，_____，_____，_____。

3.综合比例法是以_____为基数，适当调整价格幅度。

4.成本变动法是以_____为基础来调整价格。

【任务拓展】

案例分析：

1.张先生在学校门口开了一家特色餐厅，主要经营韩国小食，面对的主要客源是在校学生。

问题：如果你是张先生，应该采取哪种经营策略？

2.经营一段时间后，张先生遇到一些问题：周围的餐厅陆续增多；餐厅的设施设备有点陈旧；物价上涨，原材料、人工成本上升；客源转向新的有特色的餐厅；本店的吸引力下降等。

问题：如果你是张先生，将如何面对这些问题？

【知识链接】

免费营销策略为餐饮业带来活力

免费营销模式最初是在互联网领域中出现的，并一举获得了成功。网络营销商们通过免费活动，在获得大量浏览者的同时也获得了丰厚的收益。此后，其他行业纷纷开始效仿，餐饮行业也不例外，赠送开胃小点、水果、干果、节假日的吉祥物或玩具等，都利用这种经营策略，通过灵活多样的活动，许多餐饮企业都获得了很高的利润。

如一些餐饮企业对过生日者当天的一些菜品实行免费，但是商家知道，绝大多数的过生日者不会一人前来用餐，而且不会只消费商家赠送的免费菜品，这样就会带来其他菜点产品的销售，引发消费行为。

又如，以自助餐为主要经营形式的餐厅，经常采取"情侣光顾，女性免费"的销售方式。在吸引女性顾客的同时，也会带来消费能力更强的男性顾客，或者采取对儿童免费，吸引消费能力更强的父母。

这种免费策略实施的关键是要设计出一种适当的模式，既能吸引免费对象，同时也能吸引更多顾客或免费顾客进行其他消费，绝对不能使顾客产生上当受骗的感觉，产生反感，影响效果。

采取免费营销策略的企业必须拓宽思路，不能只停留在以促销商品为目的，那样将无法最大限度地发挥免费营销的作用，只能为企业带来有限的经济效益。其实，实行免费营销策略在获得经济收益的同时，还能提升企业的品牌知名度、压制其他竞争对手，获得更多的市场信息数据等。

总之，免费作为一个具有极强包容力与扩张力的市场营销工具，只要我们采用独特的思路，新颖的构思，就能够以免费作为杠杆，获得更大的成功。

菜单的设计与定制

菜单是餐饮企业提供的餐饮产品的目录，也是餐饮企业向宾客推销餐饮产品的清单和说明书，更是餐饮企业经营与管理的关键。按照菜单价格形式可分为：零点菜单、宴会菜单和套餐菜单。

本模块重点讲述零点菜单和宴会菜单的设计与定制。它是学习菜单设计制作的理论基础，是深入了解菜单作用，理解菜单设计原则，掌握菜单设计方法的必要准备，对合理定制菜单具有重要意义。

【学习目标】

1.了解零点菜单和宴会菜单的作用。

2.掌握零点菜单的定价策略。

3.学会对零点菜单进行科学评估和修订。

4.了解宴会菜单的设计原则。

5.熟识宴会菜单的基本设计原则。

6.学会根据顾客需求设计宴会菜单的基本方法。

任务1 零点菜单的设计与制作

【任务描述】

本任务主要是了解零点菜单的作用，掌握零点菜单的定价策略，学会对零点菜单进行科学评估和修订。

【学习准备】

搜集一份零点菜单，填写表5.1。

表5.1 菜单

类别	内容举例	作用
名称和价格		
菜点介绍		
告知性信息		
机构性信息		
荣誉信息		
其他		

【任务思考】

1.目前餐饮市场上常见的菜单有哪些？

2.为什么说菜单是餐厅最好的名片？

【知识学习】

学习准备的总结分析

市场上常见的菜单种类包括：零点菜单、套餐菜单、宴会菜单、自助餐菜单、即时性菜单等多种形式，主要是根据菜单的定制政策和客人点餐形式来进行划分的。在菜单的内容上主要包括：菜点名称和价格、菜点的介绍、告示性的信息、机构性信息、荣誉信息等。菜单不仅是顾客点餐的工具，也是企业宣传的工具之一。

菜单是餐饮企业向宾客推销餐饮产品的清单和说明书。菜单是餐饮企业经营与管理的关键，也是餐饮企业制定合适的价格和科学的菜单组合的基础，是餐饮经营的中心环节。按照菜单价格形式可分为：零点菜单、宴会菜单和套餐菜单。

中餐零点菜单的内容主要包括：冷菜类、海鲜类、禽畜类、铁板类、蔬菜类、甜点类、主食类等。

西餐零点菜单的内容主要包括：开胃菜、汤菜类、主菜类、蔬菜类、沙拉类、面食谷类、甜点类、饮品类。

5.1.1 零点菜单的作用

图5.1 零点菜单

零点菜单（图5.1）在餐厅运行中的作用主要表现在：

1）是餐饮部门日常活动的总纲

①是选择、购置餐饮设备的依据和指南。生产制作不同风味的菜点，需要有不同规模、类型的厨房设备。餐饮企业选择购置设备、炊具、工具和餐具，无论是它们的种类、规格还是质量、数量，都取决于菜单的菜式品种、水平和特色。

②决定厨师及服务人员的技术水平和人数。菜单内

容标志着餐饮服务的规格水平和风格特色，而要实现这些规格水平和风格特色，还必须通过厨房烹调和餐厅服务。

菜单除决定职工的技术水平要求以外，还决定职工的工种和人数。中、西餐兼备的菜单，各派名菜汇集的菜单，必然要求餐饮企业拥有一支庞大的、技术全面的职工队伍。

③决定食品原料采购和储藏工作的对象。

菜单内容规定了采购和储藏工作的对象，菜单类型在一定程度上决定着采购和储藏活动的规模、方法和要求。

④决定所供应的膳食营养的含量。

⑤决定餐饮成本的高低。菜单在体现餐饮服务规格水平、风格特色的同时，也决定了企业餐饮成本的高低。

⑥影响厨房布局及餐厅室内装修和设计。厨房布局和餐厅装饰也同样受到菜单内容的影响。厨房是加工制作餐饮实物的场所，厨房内各业务操作中心的选址，各种设备、器械、工具的定位，应当以适合既定菜单内容的加工制作需要为准则。

2）反映出餐厅的经营方针

它是餐厅经营者和生产者通过对客源市场需求的分析以及竞争对手产品的研究后，结合本餐饮企业具体资源状况制定的，是餐厅经营方针和经营思想的具体体现。

3）标志着餐厅菜肴的特色水准

餐厅有各自的等级、风格特色和规格水准，菜单上食品饮料的品种、价格和质量告诉客人本餐厅商品的特色和水准。

4）是沟通消费者和接待者之间的工具

菜单是连接宾客与餐饮服务的桥梁，起着促成买卖交易的媒介作用。

5）是研究食品菜类的资料

菜肴研究人员根据客人订菜的情况，了解客人的口味、爱好以及客人对本餐厅菜点的欢迎程度，从而不断改进菜肴品种和服务质量，为餐厅盈利打下良好的基础。

6）是餐厅的宣传工具

一份精心设计的菜单，装潢精美，雅致动人，色调得体，洁净靓丽，读起来赏心悦目，看起来心情舒畅，客人大多乐于欣赏和玩味。不仅如此，客人还愿意将精美的菜单带出餐厅，带回故里，与亲朋好友共同赏析。

5.1.2　零点菜单的定价策略

菜单定价对实现餐饮企业经济效益有着非常重要的意义。它既可以调节顾客的购买行为，又可以调节餐厅的盈利行为。因此，餐饮企业的经营决策者要采取适当的价格策略，以保证在吸引顾客的同时，达到经营成本的最小化和销售利润的最大化。

目前，在餐饮行业中主要采取的定价策略有：

1）心理定价策略

心理定价策略是最常用的一种定价策略，常用的方法有"尾数定价法"和"首数定价法"。

（1）尾数定价策略

根据心理学分析和市场调查的数据显示：在消费者心目中，4.9元与5元，9.9元与10元，28元与30元的价格对比，在理性认识时，这些价格基本相同，但在心理反应方面却不一样。他们会认为4.9元比5元更便宜。针对不同消费者的心理反应，通常采取奇数定价法和偶数定价法。

国外餐饮企业一般使用奇数定价法较多。一项对美国242家的价格调查发现，58%的菜单价格以9结尾，35%的菜单价格以5结尾，6%的价格以0结尾。

我国餐饮企业一般使用偶数定价法较多。因为中国消费者受就餐图吉利的心理因素影响，更加容易接受6，8等较为吉利的数字。因此，餐饮企业在具体定价时一般多采取8.8元、58元、66元、128元等形式，更符合中国人"讨口彩"的习惯。

（2）首数定价策略

一般消费者通常会根据菜点产品价格的第一个数字作出消费决策，认为首个数字要比其他数字更加重要，因为它代表一个价格等级。如消费者会认为18元与21元两种价格差比15元与18元的价格差大很多。因此，餐饮企业宁可将菜点产品的价格在同一等级内调整，如将菜价从22元调整到28元，也绝不将价格进行跨等级调整，如将菜价从38元调整到41元。

2）优惠定价策略

许多餐饮企业在开业初期，为了吸引顾客前来就餐，了解菜点产品供应情况，使其迅速打入市场，会暂时降低销售价格，一旦过了优惠期，便将价格恢复到正常水平。一般优惠的定价策略都是短期的行为，具体来说，有折扣优惠、时段定价优惠、地点优惠等多种方法。

（1）折扣优惠

折扣优惠的形式有很多种，具体的实施要根据餐厅的实际情况而定。比如，一次性折扣优惠，凡一次消费在500元以上的优惠5%；1 000元以上的优惠10%的形式。累计性折扣优惠，累计消费次数3次以上优惠5%，5次以上优惠8%，10次后可免费就餐一次（300元）。会员折扣优惠，办理会员卡，一次充值1 000元，每餐优惠5%；一次充值2 000元，每餐优惠8%。

（2）时段定价优惠

时段定价优惠是根据顾客就餐的不同季节、日期、时间等采取的不同层次的优惠价格。主要有：季节优惠、周末优惠、时间优惠等。"时间优惠"是以一天不同时段为单位的优惠活动。例如，某自助餐厅的用餐标准是128元/人；工作日期间，午餐时间的价格是98元/人。"周末优惠"是以周末时段进行的优惠活动，如上海某意大利餐厅的广告单就有如下内容：自6月1日起，每周六和周日晚间，两人或两人以上在帕戈享用零点晚餐，菜品享受5折优惠。

这种优惠形式一般多用于生意较好的餐厅，这种做法主要是为了提高餐厅的利用率，将顾客分流，使餐厅的闲散时间段被充分利用。

（3）地点优惠

地点优惠，又称分价消费，把包厢和大堂的消费价格分开，用大排档的消费价格去经营大堂，吸引更多的大众顾客，而用优质的服务、典雅的环境、星级饭店的消费价格去经营包厢，争夺高档消费群体。

3）暴利定价策略

暴利定价策略，也称高价位策略。它适合知名度较高的品牌餐饮企业，实行这种策略一般要具备两个条件：一是菜品的独特性，市场中无竞争对手，占据主导地位；二是餐饮企业本身的品牌效应强，信誉卓著，具有一定的高端消费顾客群。在国外有人均消费1 000美元以上的餐厅，在中国也有一餐几十万元的高档宴席。当然，暴利定价并非是制定天价，其实质是对某一类型或品种的菜品采用适合菜品本身的最高价格。餐饮企业如果随意地不合时宜地制定天价，往往会带来更多的负面影响。

4）渗透定价策略

与暴利定价相反，渗透定价策略是指餐饮企业将推出的菜点产品以较低的价格投放市场的策略。为了促销新产品、出清存货或加快资金周转，餐饮企业把菜单的价格定在接近或低于成本的价格。采取这种策略时，需要3个条件：一是市场对价格的敏感度高，有助于拓展市场；二是要以增加销售量来降低产品的单位成本；三是餐饮企业要阻止其他竞争者进入市场而采用低价竞争。

5.1.3 零点菜单的评估与修订

菜单定制完成，并非一成不变，作为餐饮企业的经营者，要随时关注顾客的反应，迎合饮食潮流的变化，对菜单的花色品种的受欢迎程度及获利情况进行评估，然后对花色品种进行选择和调整。其主要目的是在满足顾客消费需求的同时使企业获得更大的利润。

在进行菜单的评估与修订时，要注意做好以下几个方面的工作：

1）做好口味调查

一是要定期做好顾客的口味调查，最好采取问卷的方式，内容包括口味、分量、热度、香味、装饰、价格等方面，每半年一次为宜。二是要进行同行业的口味比较调查，通过走访、试食、记录等方式调查同地区、同级别餐厅的菜品供应情况。

2）分析销售情况

通过"销售统计表"来记录菜品的销售量，然后定期进行分析，把菜品按照顾客的喜爱程度和利润大小分为4类，即喜爱程度高、利润大，喜爱程度低、利润大，喜爱程度高、利润小，喜爱程度低、利润小。待修订菜单是将那些喜爱程度低、利润小的适当删减，减少材料的准备和浪费。

3）研发新菜品

加强厨师的新菜品研发工作，对于市场上出现的新原料、新菜品、新技术要及时学习，研发新菜品，可通过新品推荐菜单的形式在餐厅内试验推广，待到成熟时即可加入零点菜单中。

【目标检测】

1.零点菜单的作用有哪些？

2.在餐饮行业中，主要采取的定价策略有哪几种？

3.优惠定价策略有几种方法？

4.零点菜单在进行修订时要注意哪些方面？

【任务拓展】

制作一份西餐零点菜单图样（菜品价格只做参考）。

【知识链接】

菜单的起源

菜单原指餐馆提供的列有各种菜肴的单子。最初的菜单并不是人们为了向客人说明菜肴内容和价格而制作的，而是厨师为了备忘而写的单子，英文为"menu"。

据说在16世纪初期，法国宫廷菜肴的制作水平比较一般。1533年法国国王亨利二世的妻子凯瑟琳从佛罗伦萨带来了厨师作为陪嫁，从此法国宫廷菜肴才逐步得到改善。法国厨师为了记住这些意大利菜肴的烹制方法及原材料，将它们记录下来，这就是菜单的雏形。

1954年布伦斯维克侯爵在自己的宅邸举行晚宴，侍者每送上一道菜时，侯爵都要看看桌上的单子，当客人知道他看的就是当天宴会的菜单时，十分欣赏这种做法。于是大家争相效仿，举行宴会时都预先制作菜单。从此，菜单真正开始出现。

任务2　宴会菜单的设计与制作

【任务描述】

本任务主要是了解宴会菜单的作用，熟识宴会菜单的基本设计原则，学会根据顾客需求设计宴会菜单的基本方法。

【学习准备】

搜集一份宴会菜单，填写表5.2，并另附菜单。

表5.2　宴会菜单

宴会日期		宴会类型	
宴会人数		宴会标准	
冷菜数量		热菜数量	
面食数量		汤羹数量	

【任务思考】

1.人们参加宴会的目的是什么？

2.设计宴会内容时要注意哪些方面？

【知识学习】

学习准备的总结分析

宴会是人们为了社会交往的需要根据预先计划而举行的群体聚餐活动。宴会不同于日常三餐，具有社交性、聚餐式、计划性和规格化的鲜明特征。宴会菜单中的菜品是为了满足人们社会聚餐的要求，依据一定的原则和方法，精心组织在一起的。所以人们说，宴会菜单设计是"菜品组合的艺术"，是开展宴会工作的基础，在餐饮经营管理中起着重要的作用。

5.2.1　宴会菜单的作用和意义

宴会菜单的基本功能是向客人提供宴会菜肴的信息，同时，它也有许多其他效果，既可起到促销作用，又可形成良好的企业形象，还可作为宣传纪念品等。宴会上的菜单是沟通客人与服务员之间的桥梁，宴会菜单既是一种艺术品，又是一种宣传品。菜单要能方便客人阅览，吸引客人，刺激客人的食欲。其主要作用表现在：

1）体现企业经营管理的水平

宴会菜单是开展宴会工作的基础与核心，是根据餐饮企业的经营方针，经过认真分析客源和市场需求制定出来的。菜单反映了企业的经营方针、管理风格和产品特色。菜单是一个特殊的产品报价单，标明了宴席的售价，规定了产品构成和特色。设计菜单，需要对菜品原料成本进行认真核算，确保宴会正常盈利。如一味追求菜肴的创新食用效果或原料高档新奇，虽然可能会获得客人的称赞，但得不到经济效益。宴会菜单具有收藏管理和再利用的价值。每一份菜单都有它的特殊风格和特殊意义，融注了宴会设计师的辛勤劳动和智慧。

2）宴会组织工作的纲领

宴席菜单好像工程建筑的蓝图，也如文学作品写作的纲目。一场宴会的举办，涉及厨房、餐厅、条件保障、安全保卫等部门以及采购物资、加工生产、经营销售、服务等许多环节。在这个庞大的宴会系统运行过程中起关键作用的是宴会菜单，各个部门、各个岗位、各个环节的工作，都要紧紧围绕菜单来进行。即使临时宴请，也要在了解宴请目的之后，做与宴请目的相适应的菜品上席，切不可不循章法，仅仅让聚餐者填饱肚子。

3）沟通企业与顾客的桥梁

顾客和企业是通过菜单进行交流和沟通的。顾客根据菜单来选购他们所需要的食品和饮料，企业有责任、有义务向客人推荐菜肴和饮品，这种推荐和接受的结果，使买卖双方达成一致。有的宴会厅没有专门的宴会菜单，只靠经理或厨师长根据客人的消费标准和本宴会厅的原料调和情况，拿张纸条写个"菜单"交由厨师制作，导致客人无法与服务人员沟通详细情况。这种没有菜单，全凭灵活"下单子"的旧的经营方式是很难让客人满意的。

4）企业经营推销的有力手段

宴会菜单是特殊的宣传单、广告单。印有本企业名称、电话的一次性宴会菜单或设计精美的纪念性菜单，既可以宣传企业，又可以推销宴会，不仅方便顾客联系预订宴会，而且起到宣传广告作用。有的菜单详细地写上了菜肴的原材料、烹饪技艺和服务方式以及特色和彩图等，以此来表现餐饮企业的特色，给客人留下良好而深刻的印象。菜单也是特殊的纪念品，尤其是为一些重大事件举办宴会的菜单，一般都注明了宴会主题、宴请时间，具有纪念意义和收藏价值。

5.2.2 宴会菜单的设计原则

设计宴会菜单要考虑多方面的因素，统筹安排。一般来说，要考虑以下几方面因素：

1）满足顾客的需求

首先，要考虑客人的国籍、民族及宗教信仰，以便根据他们的生活习惯选择其喜爱的菜点。其次，要考虑宴会的标准。标准高，就要选用高档原料，但数量不要求多，制作要精，一般选择高雅清淡的菜肴；标准较低的宴会，可选用经济的菜点，但数量不能少，同样要使宴会丰盛饱满。第三，了解宾客的个人嗜好和忌讳，灵活安排菜品。

2）符合宴会的主题

根据顾客的要求，确定宴会主题后，所选菜品造型、命名、选料等都必须围绕主题。如：一席婚宴可以命名为"天赐良缘宴"，菜品包括：桃运当头（蟹肉鱼翅）、龙飞凤舞（烤鸡拼盘）、蒸蒸日上（清蒸石斑鱼）、灿烂回忆（蒜茸炒虾）、浪漫时刻（香菇芥蓝）等。

3）考虑不同烹调技法和口味的配合

在安排菜单时，还要选用多种烹调方法，以使菜肴富于变化，既要协调悦目，又要绚丽多彩，给进餐者以良好的心理感觉。不仅诱人食欲，还要给进餐者以艺术的享受。同时，要注意菜品口味的调配。在宴席菜品中，"酸、甜、苦、辣、咸、鲜、香"多种口味要合理搭配。一般来讲，"春多酸，夏多苦，秋多辣，冬多咸"，夏秋偏清淡，冬春趋向醇厚。

4）考虑多种原料的配合

在制定宴会菜单时，要考虑使用不同的原料，不能单调乏味。可以选择不同的肉类、水产品、蔬菜、禽类等互相搭配，以便使宴会菜品内容更加丰富，同时，也要照顾到不同客人的口味爱好。但在选用多种原料时，要注意分清主次，不要平均分配，主料数量要多一些，配料数量要少一些。多选择应时令的原料，时令原料带有自然的鲜香，最易烹调。如冬季可以选用野味，夏季则多选用鲜料，圣诞节一般要选用火鸡。

5）控制宴会成本保证企业盈利

宴席售价和毛利率是宴会菜单设计和成本控制的基本前提。为了确保宴会的正常赢利，设计菜单时，要对每一道菜点进行认真的成本核算，然后对整套宴席菜品进行综合考察和核算，将成本控制在规定的毛利范围之内。酒店对本店宴席的毛利率都有明确的规定。但是，不同类型的宴席，毛利率也有差异。特色宴席比普通宴席毛利率高，高档宴席比低档宴席毛利率高，工艺复杂、技术性较强的宴席比工艺相对简单的宴席毛利率高。有的甚至规定，名厨主理的宴席比普通厨师主理的宴席毛利率高。

5.2.3 宴会菜单的设计方法

1）宴会菜单设计的基本步骤

（1）订餐前的调查

主要是了解和掌握与宴请活动有关的情况。调查越彻底，越具体，了解的情况越详细，宴会设计就越容易与客人的要求相吻合。调查的主要内容如表5.3所示。

表5.3 宴会调查表

调查项目	调查内容
宴会主办人（或主办单位）	明确宴会主人
宴会目的	了解宴会的目的（婚宴、团圆宴、寿宴、庆功宴、家宴、节日宴）
宴会主题名称	结合宴会目的与顾客确定宴会名称（如"百年好合宴"）
用餐标准和形式	确定每人（或每桌）用餐的标准和用餐具体人数，以及是否采用分餐制
宴会日期时间	确定宴会的具体日期和时间
宴会类型	确定中餐、西餐、午餐、晚餐、冷餐会等用餐形式，以及出席宴会的主要宾客对菜品的要求，他们的风俗习惯，饮食爱好与禁忌，有无特殊要求等
酒水供应	确定是由餐厅提供酒水还是客人自带酒水
结账方式	选择结算方式：如签字挂账、现金结算、支票转账
其他需求	了解客人是否还有其他服务需求，如鲜花、化妆间、会议室、客人接送、VIP服务等
联系人及电话	明确宴会的联系人和电话
客账信息	征求顾客意见，长期保留就餐信息，以便今后为给客人提供更好的服务，培养长期客户群

（2）菜品的设计选择

一般先由宴会销售人员把厨师长提前写好的宴会菜单提供给客人了解，再根据客人的意见或建议，与厨师长协商进行菜品的调整。

①确定菜单设计的核心目标。核心目标是宴席菜单设计所期望实现的状态，宴席的核心目标由宴席的价格、宴会的主题及宴会的风味特色共同构成。宴会主题对菜单设计和整个宴饮活动有重要影响。宴席的价格是设计宴席菜单的关键性因素，与菜品成本和利润直接相连，涉及菜品的安排和顾客对这一价格水平宴席菜品的期望。

②确定宴席菜品的构成模式。宴会菜品的构成模式，即宴会菜品格局、宴会的排菜格局，以宴会类型、就餐形式、宴席成本及规划菜品的数目为依据，细分出每类菜品的成本和具体数目。在此基础上，根据宴会的主题及风味特色定出关键性菜品，形成筵席菜单的基本构架。中餐宴会在通常情况下，冷菜、热菜和饭点蜜果的成本比例分别是：10%~20%，60%~80%，10%~20%。西餐传统宴会一般是开胃菜占成本的20%左右，汤和主菜占成本的60%左右，点心、饮料、水果占成本的20%左右。

③选择筵席菜品。明确整桌筵席所选菜品的种类，每类菜品的数量，各类菜品的大致规格后，需要确定筵席选用的菜点。一般来说，一要考虑宾主的要求；二要突出最能显现宴会主题的菜点；三要考虑饮食民俗；四要考虑核心菜品；五要发挥主厨特长；六要考虑时令原料；七要考虑货源供应；八要考虑荤素比例；九要考虑汤菜配置；十要菜点协调，菜肴为主，点心为辅。

④合理安排宴席菜品。按照宴会的售价，进行合理的筛选补充，使整桌菜品在数量与质量上与预期目标趋近一致，不太理想的菜品务必调换。

（3）菜单装帧设计

总体原则是醒目分明，字体规范，易于识别，匀称美观。中餐菜单竖排古朴典雅，横排适应现代人的识读习惯，字体大小合适，整齐美观。要特别注意字体风格、菜单风格、宴会风格三者的统一。西餐菜单要中英文对照，应注意英文字体大小、字母的大小写。此外，可以在菜单上附上酒店名称、地址、预订电话和网页，以提醒客人再度光临。

菜单的形式、色彩、字体、版面安排都要讲究艺术美。对客人有较强的吸引力，使菜单成为宴会厅美化的一部分。菜单外观与餐厅装饰主题风格一致，文字清晰，容易辨认。宴会菜单封面要有醒目的标志，菜单背页可印有餐厅名称和标志。首页印上欢迎之类的话语，让客人感受到宴会厅的亲切友好。菜单要方便客人翻阅。

菜单装帧主要体现在制作菜单的材料、形状、大小、色彩、款式及印刷和书写等方面。其要求如下：

①在字体的大小上，以适合目标客源阅读为主要根据。

②在字体的选择上，可灵活行事。如中餐宴会菜单，可采用毛笔字；儿童菜单，可选用幼稚活泼的卡通字；寿宴，可选择古老的隶书；正规宴会菜单，可选用端庄的字体。

③菜单的色彩设计宜淡不宜浓，宜简不宜繁，否则会影响识别效果。

④菜单材质、款式的选择，应体现别致、新颖、适度的准则。

2）中餐宴会菜单设计案例

以下面一席"百年佳偶宴"的婚宴设计为例，设计者为了符合婚宴的主题，将所制作的菜品名称赋予一个更加符合宴会氛围的菜名，借此烘托宴会气氛。在选料的选择上，设计者以海鲜类为主，符合中国港澳地区人们的饮食习惯；在烹调技法方面，设计者采用了"烤、焗、烩、炒、扒、蒸、炸"等多种技法；在口味的选择上，宴席菜肴口味整体清淡、香甜，符合宴会主题和宾客的口味习惯；在菜肴的品种选择上，8道冷菜，8道热菜，2道主食，1道甜食，1道甜汤，完全能够满足每席10人的用餐需求。

菜　单

冷菜：喜庆满堂（迎宾八小碟）

热菜：鸿运当头（大红乳猪拼盘）

浓情蜜意（鱼香焗龙虾）

金枝玉叶（彩椒炒花枝仁）

大展宏图（雪蛤烩鱼翅）

金玉满船（蚝皇扒鲍贝）

年年有余（豉油汁蒸老虎斑）

喜气洋洋（大漠风沙鸡）

花好月圆（花菇扒时蔬）

主食：幸福美满（粤式香炒饭）

永结连理（美点双辉）

热汤：百年好合（莲子百合红豆沙）

甜点：万紫千红（果冻拼盘）

3）西餐宴会菜单设计案例

以下面一份具有法国风味特色的传统西餐宴会的菜单为例，设计者选择了1道头盘，1道汤，2道主菜，5种奶酪，1道甜食，2种咖啡。由于西餐是采用分餐进食的，因此这些菜肴，完全能够满足顾客的需求。在菜肴的品种选择上，设计者所选用的头盘是以法国鹅肝为主料的一道开胃菜。众所周知，法国的鹅肝在世界享有很高的声誉，欧洲人将其与鱼子酱、松露并列为"世界三大珍馐"。主菜中的"法式普罗旺斯烤羊腿"是法国东南部的传统美食，使用了大量迷迭香、百里香等香草和大蒜，风味独特，具有典型的地中海风格。这也是一道颇具神秘色彩的菜肴，因为，在老普罗旺斯人的心里，食用这款羊腿，具有调节性情的功效。菜单中的"焗鱼柳配香槟汁"，是用法国香槟调制少司，口味甘甜清香。此外，设计者在正餐之后还安排了附有法式西餐特色的奶酪，在法式西餐宴会中一般会安排3～5种奶酪供客人挑选食用。

宴会菜点品种所用的原材料也是以法国特有的食材为主体。在制作手法上，也是以法式西餐的制作工艺为基础的。在配酒方面，设计者更是选用了法国勃艮第地区和阿尔萨斯地区所产的知名葡萄酒，使得整个宴会凸显了法式西餐的特色

菜单（MENU）

开胃菜（APPETIZER）

鹅肝批（GOOSE LIVER TERRINE）

汤（SOUP）

胡萝卜奶油汤（CARROT CREAM SOUP FLAVOURED WITH GINGER）

主菜（MAIN COURSE）

焗鱼柳配香槟汁（GRATINATED FILLET OF SEABASS WITH CHAMPANGE SAUCE）

法式普罗旺斯烤羊腿（LEG OF LAMB "PRVENCALE" WITH CRAVY）

奶酪（CHEESE PLATE）

法国洛克福特羊乳奶酪（FRENCH ROQUEFORT）

法国布瑞奶酪（FRENCH BRIE）

卡蒙贝尔奶酪（CAMEMBERT CHEESE）

塔雷吉欧乳酪（TALEGGIO CHEESE）

甜点（DESSERT）

巧克力慕斯（CHOCOLATE MOUSSE）

饮品（DRINKS）

2010年戴布雷·波玛干红葡萄酒（POMMARD LER CRU LES CHAPONNIERES DOMAINE DEBRAY 2010）

2009年圣雷米伯格雷司令半干白葡萄酒（DOMAINE SAINT-REMY SCHLOSSBERG RIESLING GRANDCRN 2009）

咖啡（COFFEE）

摩卡咖啡（CAFE MOCHA）

拿铁咖啡（COFFEE LATTE）

【目标检测】

1.宴会菜单的作用主要表现在哪些方面？

2.宴会菜单的设计原则有哪些？

3.在进行宴会菜品设计时，要注意哪些问题？

【任务拓展】

某西餐厅10月初接到一位顾客的商务宴会订单，用餐时间是3日后的晚上7：00，宾客共10人，其中外宾有6人，主要客人是一对意大利中年夫妇。经洽谈后，每人用餐标准是350元。若餐厅的宴会销售毛利率为40%，请你为其设计一份宴会菜单。

【知识链接】

西餐台餐具的摆放

西餐台餐具的摆放（图5.2），根据宴会菜肴品种的不同，摆放位置会有一些变化。一般常用的摆放方法是：中央位置摆放底盘，餐巾一般是摆放在底盘的上面或左侧。盘子左右两侧摆刀、叉、汤匙等。可按照用餐顺序，前菜、汤、料理、鱼料理、肉料理，根据宴会的菜肴所需而由外侧至内使用。右上角会摆设玻璃杯类的餐具，最大的是装水用的高脚杯，次大的是红葡萄酒所用，而细长的玻璃杯是白葡萄酒所用。根据宴会菜单，有时还需要摆上雪莉酒杯或香槟酒杯。左手边是面包盘和黄油刀盘。此外，在底盘的正上方还可以摆放咖啡或甜点所用的小汤匙和刀叉。

图5.2　西餐台餐具的摆放

黄油刀（Butter Knife），主要用途是涂抹黄油。

黄油盘（Butter Plate），主要用途是盛放黄油。

鱼叉（Fish Fork），主要用途是食用鱼类菜肴时，与鱼刀共同使用。

肉叉（Meat Fork），主要用途是食用肉类菜肴时，与餐刀共同使用。

沙拉叉（Salad Fork），主要用途是食用沙拉类菜肴时使用。

餐巾（Napkin），餐饮服务时的卫生用品，既可烘托宴会气氛，又可美化餐台。

装饰盘（Plate），又称垫盘、底盘、展示盘、摆放盘，主要是摆放餐巾。

高脚水杯（Water Goblet），主要用途是盛放饮用水。

红葡萄酒杯（Red Wine Glass），主要用途是盛放红葡萄酒。

白葡萄酒杯（White Wine Glass），主要用途是盛放白葡萄酒。

雪莉酒杯（Sherry Glass），主要用途是盛放雪莉酒。

牡蛎叉（Oyster Fork），主要用途是食用牡蛎。

汤匙（Soup Spoon），主要用途是食用汤类菜肴。

鱼刀（Fish Knife），主要用途是食用鱼类菜肴时，与鱼叉共同使用。

餐刀（Service Knife），主要用途是食用肉类菜肴时，与餐叉共同使用。

成本控制与管理

【模块导读】

餐饮成本控制是一项复杂的工作，企业要根据自身的具体情况，采取相应的控制策略和控制措施。采用先进的成本管理方法，才能更大限度地降低成本，提高企业利润。

本模块是学习餐厅厨房日常管理的重要理论基础，是深入了解餐饮成本控制与管理措施的有效途径，是分析餐饮企业利润、改进日常管理的必要手段，对企业获得更大经济效益具有重要意义。

【学习目标】

1.了解标准菜谱在厨房管理中的作用。

2.熟识标准菜谱的制作要求。

3.能够规范运用标准菜谱的制作步骤进行编制。

4.了解盈亏临界点的内涵。

5.理解盈亏平衡分析在经营决策中的作用。

6.能够对一般餐饮企业的营业收入、成本费用、营业利润进行简要分析。

任务1 标准菜谱的应用与制作

【任务描述】

本任务主要是了解标准菜谱在厨房管理中的作用，熟识标准菜谱的制作要求，能够规范运用标准菜谱的制作步骤进行编制。

【学习准备】

搜集一道西餐菜品的制作菜谱。

1.常见菜谱中的文字描述是否准确？

2.菜谱中对于关键的技术难点是否有控制指标？是否便于领会、操作？

【知识学习】

学习准备的总结分析

讨论：

1.根据收集的菜谱，能否制作出符合要求的菜肴？

2.常用菜谱中，对于技术要点和制作关键是否有详细的描述？

在我们日常见到的菜谱中，语言描述多数不够准确。在原料的产地、品牌，调料的用量，制作的技术要领和控制标准，以及成品指标等方面，没有或缺少准确的描述，不利于企业进行质量控制和日常管理。

标准菜谱在中外先进的厨房管理中都被采用，虽然标准菜谱的形式不尽相同，但其作用和内容都是大致相仿的。它是以菜谱的形式，列出用料配方，规定制作程序，明确装盘形式和盛器规格，指明菜肴的质量标准和每份菜肴的可用餐人数、成本、毛利率和销售价格。

6.1.1　标准菜谱在厨房管理中的作用

标准菜谱（表6.1）的作用，主要包括以下几个方面：

1）预示产量

厨房管理人员可以根据原料数量，测算生产菜肴的份数，方便成本控制。

2）减少督导

通过标准菜谱，厨师可以知道每个菜肴所需要的原料和制作方法，只需要遵照执行即可。

3）高效率安排生产

制作具体菜肴的步骤和明确的操作要求，安排工作时就可以更加高速高效。

4）减少劳动成本

通过标准菜谱，可以减少厨师个人的操作技巧和难度，技术性可以相对降低，劳动成本也因此而降低。

5）可以随时测算每道菜的成本

厨房管理人员可根据配方随时核算每道菜的制作成本，便于进行成本控制。

6）食谱程序书面化

标准菜谱是厨房的制作指导书，它可以避免对于个人因素的过多依赖。

7）减少对存货控制的难度

通过销售菜品份数与标准用料的计算，可以核算出已用原料的情况，再扣除部分损耗，便可以测算出库存原料的情况，有利于安排生产和进行成本控制。

6.1.2　制定标准菜谱的有关要求

在制作标准菜谱时，应注意以下几个方面的内容：

①形式和叙述要简单易懂，便于阅读理解。

②原料名称描述要准确。如醋应注明是白醋、香醋、浙醋还是陈醋，有时还应注明品牌；用料多少要准确，不要用适量、少许等模糊词语，易于操作；按使用顺序排列，避免操作程序出错；此外，还应说明因季节供应的原因需要替代的配料。

③叙述用词要准确，多使用厨房工作人员熟悉的术语，不熟悉或使用不普遍的术语要详细说明。

④由于烹调的温度和时间对产品质量有直接影响，因此，在制作标准菜谱时，要确定详细标明操作时加热的温度范围和时间范围，以及制作中产品应达到的程度。

⑤在标准菜谱中，还应列出所用餐具的大小和规格。因为一方面它是影响烹饪产品成败的一个因素；另一方面也是餐厅出餐标准化的体现。

⑥说明产品的质量标准和上菜方式，言简意明。

⑦其他影响质量的制作过程都要准确规定。

表6.1　某餐厅标准菜谱

菜品名称							机密 □ 公开□	
主料	分量	选料标准			切配标准			
配料	分量	选料标准			切配标准			
调料	重量	调料	重量	调料	重量	调料	重量	
烹调制作	烹调步骤				注意事项			
装盘标准	盛器规定		盘饰规定		菜形要求		注意事项	
菜品特色	口味：							
	营养：							
	适宜人群：							
预定毛利	％	毛利下限	％	建议售价				元

总之，标准菜谱是一种控制工具和厨师的工作手册，可以是变通制定的形式，但一定要有实际指导意义。

6.1.3 标准菜谱的制作步骤

在制定标准菜谱的实际工作过程中，主要分为以下几个步骤：

①确定主、配料原料及数量。这是很关键的一步，它确定了菜肴的基调，决定了该菜的主要成本。数量的确定有的只能批量制作，平均分摊测算，如点心、菜肴等单位较小的品种。无论菜点规格大小，都应力求精确。此外，一些特殊菜肴还应标注出原料的产地或品牌。

②规定调味料的品种，试验确定每份的用量。调味料品种、牌号要明确，因为不同厂家、不同牌号的质量差别较大，价格差距也较大。调味料只能根据批量分摊的方式测算。对于餐厅常用的复合调味料或自制酱汁也要有统一的制作标准。

③根据主料、配料、调味品用量，核算菜肴成本、毛利以及建议的售价。随着市场行情的变化，单价、总成本会不断变化。因此，第一次制定菜点的标准食谱必须细致精确，为今后的测算打下良好的基础。

④规定加工制作的步骤。由主厨组织厨师共同研究后确定菜肴加工的程序，将必需的、主要的、容易产生其他做法的步骤加以统一规定，并可用术语，精练明白即可。

⑤选定盛器，确定此菜肴的标准盘饰及样式，保证菜肴出品的统一性。

⑥明确产品特点和质量标准。标准食谱既是培训、生产制作的依据，又是检查考核的标准，其质量要求更应明确具体才切实可行。

⑦按照标准菜谱进行员工培训，统一生产出品标准。标准食谱一经制定，必须严格执行。在使用过程中，要维持其严肃性和权威性，减少随意投料和乱改程序而导致厨房出品质量的不一致、不稳定，使标准食谱在规范厨房出品质量方面发挥应有作用。

【目标检测】

1.标准菜谱在厨房管理中的作用有哪些？

2.在制定标准菜谱时应注意哪些方面？

3.制定标准菜谱分为哪几个步骤？

【任务拓展】

按照所学内容，自行设计一道菜肴的标准菜谱。

【知识链接】

制定实施标准菜谱好处多

现在很多餐饮企业都会制定一些标准菜谱，具体配餐时会根据这些标准菜谱进行。事实上，制定实行标准菜谱能够为餐饮企业带来很多好处，主要有以下几个方面：

1.每个人都能够当成大厨使用，能够节省很多人力成本。

为什么每个人都能够被当成大厨使用呢？其实这不难理解，制定了标准菜谱，目的就是要根据标准菜谱做出相同规格的菜肴，这也是制定标准菜谱的目的。假如标准菜谱制作得非常详细，那么普通厨师与大厨做出来的菜肴效果肯定是一样的，而聘请普通厨师和大厨的价格差别很大，所以能够节约很多的人力财力成本。

对于普通的厨师帮工来说，假如在厨房中工作了三四年，具有相当丰富的烹饪经验，那么稍微进行培训训练，根据标准菜谱做出来的菜肴完全能够具有大厨的水准。

2.制定了标准菜谱之后，假如菜肴出现了问题，检查寻找问题非常方便。

制定了标准菜谱，能够保证菜肴的品质。因为在标准菜谱进行制作的流程中，已经提前检验了它的效果。因此，假如根据标准菜谱制作的菜肴出现了质量问题，那么就表示问题出现在另外一些地方，如配置的锅铲或者炉灶出现了问题，寻找解决问题更加方便。

因此，餐饮行业制定标准菜谱的时候一定要非常仔细详尽，这样有利于保证菜肴的最终品质。

任务2 盈亏平衡分析

【任务描述】

本任务是了解盈亏临界点的内涵,理解盈亏平衡分析在经营决策中的作用。

【学习准备】

案例分析:某早点铺经营杭州小笼包子,每日租金为200元,每日支付人工费为200元。经核算,一笼包子的制作成本为2.5元,售价为6元。问每日至少卖出多少份小笼包子才能不亏本?

【任务思考】

1.造成餐厅利润变化的因素有哪些?

2.在日常管理中,我们应如何提高餐厅营业利润?

【知识学习】

学习准备的总结分析

讨论:

1.测算的结果如何?

2.你认为其经营项目是否可行?还需要哪些条件?如何去开展经营活动?

在餐厅经营过程中,成本、销售量和利润之间存在着千变万化的关系,如当餐厅销售量一定时,利润状况如何?如果成本发生了变化,为使利润不减少,销售额应如何变化?菜点产品价格变化了会对利润产生什么影响?销售工作应如何调整等一系列问题,都可以运用盈亏平衡分析得到解决。

6.2.1 盈亏临界点的确定

盈亏临界点,又称"保本点",是指餐饮企业的经营达到不赔不赚时,应取得的营业收入的数量界限。它既可以以实物来计算,如一定日期范围内的销售数量;也可以按金额计算,即一定日期范围内的销售额。并以此为基础,对成本、销售量、利润之间的盈亏平衡进行分析。

在进行盈亏平衡分析时,首先要将成本按照其余销售量的关系划分为固定成本和变动成本,固定成本一般保持不变,变动成本却会随着销售量的增减而变动。餐厅所获得的营业收入扣减变动成本后的余额,要先用来补偿固定成本,余额与固定成本相等的点即为盈亏平衡点。

【例6.1】某餐厅日固定费用为1 300元(含租金、人工费),一份菜肴的平均成本为20元,平均售价为40元。试求该餐厅保本点的销售量和保本点的营业收入。

解:设保本销量为x,则营业收入为$40x$,变动成本为$20x$。

根据保本点的概念:$40x - 20x = 1\ 300$

$x = 65$（份）

保本点营业额为：$40 \times 65 = 2\ 600$（元）

答：该餐厅每日保本点的销售量为65份，每日保本点的营业收入为2 600元。

由于餐厅的菜点品种比较多，因此对餐厅进行保本点分析时，适宜用销售金额发。为了简化计算，通常计算保本点的营业额。其计算公式为：

$$保本点营业额 = \frac{固定成本}{综合毛利率}$$

6.2.2 盈亏平衡分析在经营决策中的作用

盈亏平衡分析在经营决策中的主要作用表现在：

①根据市场状况制定竞争策略。

②制定恰当的营销策略。

③制定合理的价格决策。

④合理安排员工岗位及薪酬。

⑤适度调整菜点产品。

如图6.1所示，这是某包子铺的盈亏平衡图。固定成本4 000元主要包括：租金和人工费，直线AE是制作成本，直线OD是销售收入；C点是经营盈亏平衡点；区域CDE为边际安全区域，销售得越多，收入就越多，利润就会越高。

餐饮行业属于固定成本相对较低，变动成本相对较高的企业，对原材料的依赖较大，附加值较低。要提高盈利，一般采取的措施主要是尽量减少变动成本，如降低原材料消耗，降低能源消耗，提高劳动生产率等促进盈利，提高盈利水平。

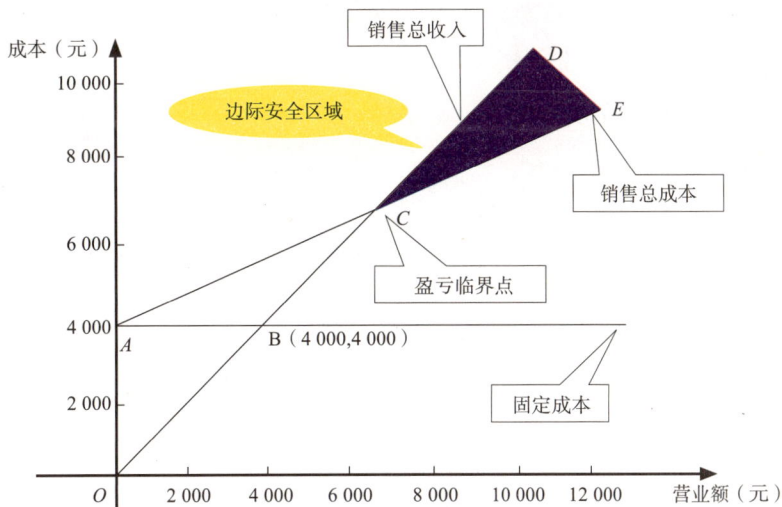

图6.1 盈亏平衡图

盈亏平衡分析是在利润为零的情况下，研究销售量（额）与成本之间的变动关系，保本不是目的，盈利才是目的。只有在先保本的情况下，才能有利润可赚。在产品销售价格不变的情况下，如果成本增加了，餐厅的利润就会下降。要使利润不减少，就必须增加销售量（额）。如果餐厅成本的增加是由于固定成本的增加所引起的，那么计算销售量（额）的公式为：

$$销售额 = \frac{原有固定成本+新增固定成本+预期利润}{1-变动成本率}$$

其中，$变动成本率 = \frac{变动后成本}{产品销售价格} \times 100\%$

【例6.2】某餐厅为了扩大销售，增加广告费6 000元，原有年固定成本为45万元，变动费用率为50%，如果想保持每年15万元的利润，则销售额应为多少？

解：

$$销售额 = \frac{原有固定成本+新增固定成本+预期利润}{1-变动成本率} = \frac{450\ 000+6\ 000+150\ 000}{1-50\%}$$

$$= 1\ 212\ 000（元）= 121.2（万元）$$

答：当固定成本增加6 000元的情况下，要使利润保持不变，营业额应为121.2万元。

【例6.3】某中餐厅每年的固定成本为45万元，现由于物价上涨，每份菜的平均成本由原来的20元提高到23元，平均售价仍保持40元不变，如果想保持15万元的利润，则销售额应为多少？

解：$成本变动率 = \frac{23}{40} \times 100\% = 57.5\%$

$$销售额 = \frac{原有固定成本+新增固定成本+预期利润}{1-变动成本率}$$

$$= \frac{450\ 000+150\ 000}{1-57.5\%} \approx 141.176（万元）$$

答：销售额应该为141.176万元。

【目标检测】

1.某餐厅每年利润20万元，现为了扩大销售，投入5 000元的广告费，而该餐厅每年的固定成本为45万元，变动费用率为45%。请问：销售额为多少时才能保持利润不变？

2.某餐厅预期固定成本全年为20万元，综合毛利率为45%，如果该餐厅全年的营业额为50万元。问：该餐厅能否盈利？若盈利，利润是多少？

【任务拓展】

案例分析：某餐厅平均制作一份菜肴的成本为7元，销售平均价格为13元，若该餐厅的固定费用为每日100元，求：

1.该餐厅每日需销售多少份菜肴才能达到保本经营？

2.如果固定费用每日增加到110元，则每日需要销售多少份菜肴才能保本？

3.如果每日固定费用不变，需要达到200元/天的利润，则需要销售多少份菜肴？

4.为了提高竞争能力，在平均成本不变的情况下，销售平均价格降低到11元，每日需要销售多少份才能保本经营？

【知识链接】

餐饮业连锁经营的模式与优势

从目前我国餐饮业开展连锁经营的形式来看，主要分为以下3种模式：

1.标准连锁经营模式

采用食品加工中心统一制作基础坯料，统一配送到各门店进行最终制作的方式。通过统一店铺名称、统一店面形式、统一服饰、统一进货、统一结算、统一企业文化等方式，对下属各门店进行规范管理，打破传统的"一家一店""各自为政"的经营理念。

2.非标准连锁经营模式

除统一店铺名称外，其他经营管理方式全部由各门店独立完成，其目的是快速占领市场，缩短与对手竞争的时间。

3.加盟式的连锁经营模式

只要缴纳规定的加盟费用，就能够成为连锁品牌中的成员，既可提升门店的知名度，又能以低价获得相关经营产品或原材料的配送。

在餐饮行业中，实施连锁经营的优势主要体现在：

1.连锁经营是当前餐饮行业发展的一种潮流，特别是在大中型城市的繁华地段、中心区域及大型居住社区范围内，均已看到各种不同性质的连锁店。

2.统一规范的独特经营机制，使企业具有顽强的生命力。

3.直接拥有他人的成功经验和品牌优势，站在巨人肩膀上进行创业发展。

4.连锁经营模式迎合了以消费者为中心的市场发展方向。

任务3　成本核算成果分析

【任务描述】

本任务是能够对一般餐饮企业的营业收入、成本费用、营业利润进行简要分析。

【学习准备】

分析：A先生欲在一中型住宅社区外开设一家餐厅，内设40个餐位，每月固定房租为50 000元，预计员工工资及其他管理费用为20 000元，本地区每餐人均消费水平为45元。本地区目前已开设了两家餐馆，一家是以经营川菜为主的餐馆，一家是以经营火锅为主的餐馆，试问A先生在此开店的设想是否可行？你有何建议？

【任务思考】

1.造成餐厅利润变化的因素有哪些？

2.在日常管理中，我们应该如何提高餐厅营业利润？

【知识学习】

学习准备的总结分析

开办餐厅是否可行，除去上述有关内容外，还需要对当地租金的平均水平、装修费用、设备购置费用、运行管理费用、菜品风味选择、人员配备、可能出现的经营风险等多种因素进行分析后，才能作出最后的决策。

6.3.1　营业收入分析

餐厅营业收入，是进行经营分析的一项基本指标。它的大小决定了餐厅利润的大小，也反映出餐厅的经营规模和水平。通过对餐厅的营业收入状况进行分析，既可及时发现经营中存在的问题，找出造成营业收入下降的原因，巩固已有的业绩，又能为下期确定新的经营措施提供依据。

影响餐饮产品销售收入的主要因素有：

1）餐位数

即餐厅一次性能够容纳客人同时就餐的座位数。

2）餐位周转率

俗称"翻台率"，是指每餐时间段内或一天当中，每个餐位使用的次数，它比餐位数更能反映出每日的实际就餐人数。在进行销售收入分析时，要把餐位数和餐位周转率结合起来进行考虑。餐位数是常量，属于客观因素；而餐位周转率则是主观因素。经营管理得好，餐位周转率高，反之周转率就低。其计算公式为：

$$餐位周转率 = \frac{就餐人数}{餐位数} \times 100\%$$

3）人均消费水平

人均消费水平是指平均每位顾客的消费能力。客人消费水平越高，餐厅的收入就越多。所以，每个餐位的平均消费水平计算公式为：

$$人均消费水平 = \frac{餐厅销售收入}{就餐人数}$$

因此，餐厅的销售收入也可以表示为：

$$餐厅销售收入 = 餐位数 \times 餐次 \times 天数 \times 餐位周转率 \times 人均消费水平$$

【例6.4】某餐厅8月和10月的销售收入如表6.2所示。

表6.2　销售收入表

项目	8月	10月	差额
餐位数	50	50	0
天数	31	31	0
餐位周转率（%）	150	180	30
人均消费水平（元）	45	43	2
月销售收入（元）	104 625	119 970	15 345

试分析该餐厅两个月的销售收入情况。

数据分析：

通过表6.2可以看出，这两个月的销售收入差异主要是由餐位周转率和人均消费水平引起的。具体情况分析如下：

1.受餐位周转率因素的影响：

$50 \times 31 \times （180\% - 150\%） \times 45 = 20\,925（元）$

这表明，受餐位周转率的影响，10月比8月的销售收入增加了20 925元。

2.受人均消费水平的影响：

$50 \times 31 \times 180\% \times （43 - 45） = -5\,580（元）$

这说明，受人均消费水平的影响，10月比8月的销售收入减少了5 580元。

两项因素的综合影响，10月比8月的销售收入增加了15 345元。

综合分析：

10月的销售收入总体良好，比8月的销售收入增长了14.67%。其中，受餐厅周转率的因素影响提高了销售收入20 925元，说明吸引顾客的能力增强，就餐人数增多，经营运行良好，这是管理顺畅的结果。但是也要看到，10月来餐厅用餐顾客的人均消费水平在下降，受此影响使得餐厅销售收入降低了5 580元。

经营建议：

1.通过有效的营销手段和方式推销中高档菜点产品，提高顾客的人均消费水平。

2.增加菜点品种，提高顾客的消费额。

3.加强服务管理，确保在提高餐位周转率的同时，保证服务质量。

6.3.2　成本费用分析

成本费用是餐饮企业的一项重要经济指标。经济效益的好坏，既取决于企业收入的多少，也取决于成本费用的高低。对于餐厅来讲，经营成本费用的大小，不仅影响利润，而且影响餐厅在市场竞争中的地位。运行成本费用越低，竞争的主动性就越大。在收入相等的情况下，运行成本费用越低，盈利就越多。从这个角度讲，对成本费用进行分析，寻找降低运行成本费用的途径，是提高餐厅经济效益的基本手段。

在进行成本费用分析时，一般有以下4个步骤：

①确定标准成本率或标准费用率。

$$标准成本率 = \frac{标准营业成本}{标准营业收入} \times 100\%$$

$$标准费用率 = \frac{标准营业费用}{标准营业收入} \times 100\%$$

②计算实际成本率或实际费用率。

$$实际成本率 = \frac{实际营业成本}{实际营业收入} \times 100\%$$

$$实际费用率 = \frac{实际营业费用}{实际营业收入} \times 100\%$$

③比较标准成本率和实际成本率，或标准费用率和实际费用率，了解预算控制结果。

将成本费用预算执行的实际结果与预算进行比较，能考核餐饮企业成本费用控制的质量，了解实际成本（费用）率与标准成本（费用）率之间的差异。

④对结果进行综合分析，掌握差异存在的原因、具体责任环节或责任人，找出差异的真正原因和相关因素，提出改进措施的建议，提高餐饮经营管理水平。

【例6.5】清雅西餐厅2013年标准营业成本为120万元。其标准单位原料成本为40元/人，标准就餐人次为3万人。实际营业成本是126万元，实际单位原料成本为45元/人，实际就餐人次为2.8万人，试对成本因素差异进行分析。

解：

1.该餐厅实际营业成本：

实际营业成本 = 实际单位原料成本 × 实际就餐人次 = 45 × 28 000 = 1 260 000（元）

2.用标准单位原料成本替代实际单位原料成本：

营业成本A = 标准单位原料成本 × 实际就餐人次 = 40 × 28 000 = 1 120 000（元）

3.用标准就餐人次进一步替代实际就餐人次：

营业成本B = 标准单位原料成本 × 标准就餐人次 = 40 × 30 000 = 1 200 000（元）

4.计算各因素的变动对变动结果的影响程度

（1）单位原料成本因素的影响：

实际营业成本 – 营业成本A = 1 260 000 – 1 120 000 = 140 000（元）

即：该餐厅有实际单位原料成本高于标准单位原料成本5元，使得实际营业成本高于预算营业成本140 000元，说明超过了预算开支140 000元。

（2）就餐人次因素的影响：

营业成本A – 营业成本B = 1 120 000 – 1 200 000 = – 80 000（元）

即：该餐厅由于实际就餐人次比预算就餐人次少了2 000人次，使实际营业成本低于预算营业成本80 000元，说明节省预算80 000元。

综合分析：由于单位原料成本和就餐人次两个因素的共同影响，该餐厅实际营业成本比预算标准营业成本增加了60 000元。

【例6.6】某糕点房上个月制作法棍面包（图6.2）3万只，实际耗用面粉3 300 kg，面粉实际单价3.20元/kg；单位标准用料为0.1 kg，每千克面粉的标准价格为3.00元/kg。试对原料成本差异进行分析。

解：

1.实际成本与标准成本的差异：

3 300 × 3.2 − 30 000 × 0.1 × 3.00 = 10 560 − 9 000 = 1 560（元）

2.面粉单价因素对成本的影响：

3 000 ×（3.2 − 3.00）= 600（元）

说明面粉单价提高使成本增加了600元。

3.面粉耗用量因素对成本的影响：

（3 300 − 3 000）× 3.2 = 960（元）

说明面粉耗用量的增加使成本增加了960元。

答：综上所述，两个因素共增加成本1 560元。

图6.2 法棍面包

6.3.3 营业利润分析

利润是企业经营的最终成果，是检验企业经营状况，利润反映经营管理水平的综合指标。进行利润分析的目的，是为了找出影响利润大小的因素及影响程度，并在此基础上找出增加盈利或扭转亏损的努力方向。

餐厅利润的计算公式为：

餐厅利润＝餐厅营业收入−餐厅成本−餐饮营业费用−税金

餐厅营业收入减掉成本后的余额就是餐厅的毛利。如果进一步将收入、成本进行分解，则可以将利润的计算公式写成：

餐厅利润＝（餐位数×计算期天数×餐位周转率×人均消费水平）×
（毛利率−税率）−营业费用

从公式可以看出，餐厅利润的大小取决于餐位数的多少、餐位周转率的高低、人均消费水平、毛利率高低、营业费用及税金的多少。

【例6.7】下面是友好餐厅8月和10月的营业情况统计表，如表6.3所示。试进行利润分析。

表6.3 营业情况统计表

项目	8月	10月	差异
餐位数（个）	350	350	
餐位周转率（%）	190	200	10
人均消费水平（元）	40	45	5
毛利率（%）	54	55	1
可变费用（元）	37 000	42 400	5 400
固定费用（元）	100 000	100 000	
税率（%）	5	5	
利润（元）	267 054	345 850	78 796

解:

1.餐位周转率因素的影响（8月和10月都为31天）：

$350 \times 31 \times (200\% - 190\%) \times 40 \times (54\% - 5\%) = 21\ 266$（元）

说明由于餐位周转率的提高使利润增加了21 266元。

2.人均消费水平因素的影响：

$\times 31 \times 200\% \times (45 - 40) \times (54\% - 5\%) = 53\ 165$（元）

说明由于人均消费水平的提高使利润增加了53 165元。

3.毛利率因素的影响：

$350 \times 31 \times 200\% \times 45 \times (55\% - 54\%) = 9\ 765$（元）

说明由于毛利率的提高使利润增加了9 765元。

4.营业费用因素的影响：

$42\ 400 - 37\ 000 = 5\ 400$（元）

说明由于营业费用的增加使利润减少了5 400元。

各因素的影响使利润共增加了$21\ 266 + 53\ 165 + 9\ 765 - 5\ 400 = 78\ 796$（元）

综合分析：促使该餐厅经营利润增加的主要因素是餐位周转率和人均消费水平。但就目前的经营状况看，餐位虽然有所提高，但提升的幅度不大，仍有很大的潜力可以挖掘。按照一日三餐计算，平均利用率不足70%，如果经营得当，调配合理，利用率还可提高。人均消费水平的进一步提高也有待于增加新品种，加强中高档菜点产品的推销工作。

【目标检测】

表6.4是某餐厅5月和7月的收入对照表，回答下列问题。

表6.4　收入对照表

项目	5月	7月
餐位数（个）	100	100
餐位周转率（％）	150	120
人均消费水平（元）	50	60

根据以上数据分析：

1.该餐厅哪个月的经营情况比较好？

2.分析引起营业收入变化的原因是什么？

【任务拓展】

案例分析：某餐厅要求下一年度实现目标利润40万元。据以往财务统计，餐饮原料成本占营业收入的45%，税金占5%。经营费用占30%，管理费用占5%。预计明年这些项目占营业收入的比例变化不大。试问：

1.餐厅要完成40万元的年利润指标，年营业收入至少要达到多少？

2.若该餐厅有100个餐位，餐位周转率为200%，每日经营午、晚两餐，每位顾客的平均消费额应是多少元（全年按360天计算）？

【知识链接】

餐饮经营的风险

餐饮业一直被世人认为是利润空间比较大的行业，却不知行业内纷繁复杂的分类，不同的经营策略，也都存在很大的风险，稍不注意就有可能使企业面临窘境，甚至倒闭。机会与风险并存，餐饮行业在赢得发展机会、实现经营目标的过程中，也要清醒地认识和预见可能存在的风险。只有规避或处理好可能存在的风险，才能使企业得到良好健康的发展。

餐饮行业的经营风险，主要来自于几个方面：

1.有形风险

主要是因资金不足或挤占，原料价格上涨，菜品降价损失，菜品不受欢迎，设备陈旧落后等问题带来的损失，其造成的损失价值可以计算。需要餐饮企业内部加强市场调研，及时关注市场变化，采取相应措施或者与专业餐饮机构合作，可防止或减少带来的损失。

2.无形风险

主要是受以下几个因素的影响，带来的经济损失：服务质量低劣造成餐饮企业形象的降低；经营菜品质量低导致消费者的信任危机；宣传不实或乏味引起顾客的反感和逆反心理；企业内部管理松懈带来的人心涣散和劳动效率低。对无形风险餐饮企业必须给予高度重视，要居安思危，保持清醒的头脑，特别是在经营顺利的时候，要看到潜在的无形风险对经营的潜在威胁。

3.时间性风险

主要是由于时间差异给餐饮企业经营带来的风险。造成这种风险的主要原因有：季节变化对餐饮消费的影响；产品的市场寿命周期；消费者消费时间的变化等。要防止这种风险就必须树立"时间就是效益"的观念。经常观察分析企业的发展变化趋势，尽力减少因时间性风险对餐饮企业实现经营目标的影响，准确把握时机，以保证餐饮企业经营正常运行。

4.空间性风险

主要是受空间因素的影响带来的风险。产生这种风险的原因主要来自餐饮企业所处的地点与周围环境的变化，市场的供求关系变化，区域性的文化风俗习惯的差异，目标客源分布，区域资源条件等。要防止这种风险，首先从开店选址时就要关注，要调研分析多种综合因素，测算评估市场的可能性，才能确定合适的经营地点。当然开店营业后，空间性风险也是依然存在的，要密切关注与本企业相关的城市规划变化，周边消费市场兴衰，地区人口数量与质量变化等，作好应对准备。

餐饮行业既可以带来巨大的利润，但也存在不小的风险。只有进行认真分析，积极应对可能存在的各种风险，保证产品的质量，才能使自己的餐饮企业得到良好的发展。

参考文献

[1] 匡粉前.餐饮成本核算与控制一本通[M].北京：化学工业出版社，2012.

[2] 林小岗，吴传钰.餐饮业成本核算[M].北京：旅游教育出版社，2007.

[3] 黄丹，何海兰.餐饮成本核算（烹饪专业）[M].3版.北京：高等教育出版社，2010.